{Je chemine avec...}

ARIANE ASCARIDE

Entretiens menés par Sophie Lhuillier

Éditions du Seuil
57, rue Gaston-Tessier, Paris XIXe

ISBN 978-2-02-152642-4

L'art marche à pas lent.
L'art te transforme.

A. A.

{ARIANE ASCARIDE}

Ariane Ascaride est née en 1954 dans un quartier populaire de Marseille. Son enfance plutôt solitaire et ses lectures multiples développent un imaginaire foisonnant. Tombée dans le théâtre dès ses 8 ans, grâce à son père et à sa troupe amateur, Ariane a toujours maintenu le fil avec les planches, même une fois inscrite à la faculté de sociologie d'Aix. À 19 ans, elle décide de « monter » à Paris pour tenter l'entrée au Conservatoire (elle a repéré à la télévision le metteur en scène Marcel Bluwal qui y enseigne et veut travailler avec lui). C'est ainsi que, dotée d'une véritable force de vie et de travail, elle emprunte conjointement deux chemins : celui du Conservatoire et celui de la Sorbonne.

Ariane rencontre Robert Guédiguian, son futur mari, au syndicat de la faculté, et ils soutiennent ensemble leur mémoire de maîtrise sur… les élèves du Conservatoire. Ensemble toujours, ils tournent en 1981 le premier film d'une longue série (vingt et un au compteur de 2023), *Dernier Été*. Jusqu'à ce fameux jour de 1998 où Ariane reçoit sans y croire le César de la meilleure actrice pour *Marius et Jeannette*. Ce tournant dans sa carrière lui offrira de multiplier les collaborations au cinéma et à la télévision (avec Dominique Cabrera, Olivier Ducastel et Jacques Martineau, Andréa Bescond et Éric Métayer, etc.) comme au théâtre (avec Didier Bezace, Danièle Thompson, Thierry Thieû Niang, Simon Abkarian, etc.).

Enfin, Ariane est très attachée à un autre rôle, celui de femme dans la société. On la connaît pour ses interventions indignées face aux injustices sociales, qu'elle combat à l'écran comme à la ville.

Présentations

Chère Ariane, qui es-tu ?

[*Soupir.*] Sait-on vraiment qui on est ? On est multiple tout au long de sa vie. On se construit sur une espèce de socle social, une origine géographique. Moi, je suis née à Marseille, en 1954, dans une famille « populaire ». Je n'ai rien d'aristocratique, je ne suis pas une héritière. Ou plutôt, je suis héritière de la vie des gens qui m'ont précédée, mais ils étaient ouvriers, paysans et immigrés, « des petites gens », comme on dit (une expression que je n'aime pas du tout), qui n'ont pas eu des vies faciles, qui ont travaillé beaucoup. J'ai hérité d'une branche française et d'une branche italienne.

Chez les bourgeois, on entretient la mémoire familiale, on écrit ou on transmet des lettres, mais dans le milieu d'où je viens la transmission est plus sporadique. Tu récoltes ce que tu entends dans certains dîners de famille, par exemple, mais je ne peux pas te dire grand-chose de mon grand-père maternel. Juste qu'il était issu d'une famille de paysans de l'Aude. C'était un ouvrier anarcho-syndicaliste, qui incitait à la grève pour défendre ses droits. Pendant celle de 1936, pour que la police ne puisse pas entrer, les ouvriers s'étaient carrément enfermés dans l'usine. Ma mère avait 18 ans et lui apportait tous les jours son panier pour le déjeuner : il jetait une corde par-dessus le mur et le récupérait ! Elle disait toujours : « J'ai appris à danser en 1936 » parce que, quand la grève s'est généralisée, l'usine s'est ouverte et l'après-midi tout le monde jouait de la musique et dansait. Ces très belles images me sont restées, c'est presque de la fiction. Je ne sais pas si les événements se sont exactement passés comme ça, je n'ai aucun témoignage écrit, mais c'est la « légende » familiale et je me suis construite sur ces histoires.

Du côté italien, mon grand-père était un enfant trouvé, un enfant de l'Assistance publique, et je pense qu'il était fou. Il est parti d'Italie avec ma grand-mère. Ils sont venus en France et ont eu beaucoup d'enfants qui sont morts avant mon père. Puis, quinze ans après mon père, est née une fille. C'est très difficile pour moi de parler de mon grand-père, je ne connais que le discours que tenait mon père. Or mon père entretenait avec lui un rapport de haine total puisqu'il était un enfant battu que son propre père avait mis au travail dès l'âge de 11 ans. Mon grand-père était barbier pour les navigateurs dans le quartier du port à Marseille, et mon père travaillait pour lui. Il était très intelligent – ma mère aussi, d'ailleurs. Ma mère, qui voyait son père tout le temps en grève ou mis à la porte, rêvait d'être institutrice. Elle ne l'est pas devenue parce qu'on l'a aussi mise au travail à 15 ans pour aider la famille à manger.

Quand je raconte ça, j'ai l'impression que c'est Zola, mais c'est une réalité. Je suis faite de ces gens-là. Et de deux personnes qui se rencontrent. Ma mère avait quelque chose de très moderne en elle. Elle aimait beaucoup être avec de jeunes gens. Elle a toujours énormément fréquenté le cinéma, elle allait au théâtre. Mon père, lui, a grandi dans le quartier du Vieux-Port, qui maintenant est très à la mode à Marseille mais qui, à cette époque, était le quartier des bordels : quand il rentrait du boulot, il disait bonjour aux dames sur le trottoir. C'est fascinant parce qu'il a voulu sortir de son milieu, connaître autre chose, ce qui est très difficile.

Une lignée autodidacte

C'est le « transfuge » qu'évoque Annie Ernaux.

Oui, et encore : les parents d'Annie Ernaux étaient français, ceux de mon père ne l'étaient pas, c'était encore plus difficile. J'ai beaucoup de respect pour lui d'avoir réussi à être transfuge. Quand tu viens d'un milieu où ta seule culture est celle des gens de la rue, tu es autodidacte, tu attrapes les connaissances comme tu peux. Alors que, quand tu viens d'une famille bourgeoise, tu vas à l'école, on t'emmène au musée, au concert, tu suis un parcours d'apprentissage tout tracé.

Avant la guerre, à Marseille, beaucoup de prolos partaient marcher le dimanche et s'inscrivaient dans des sociétés d'excursionnistes. Mon père faisait partie des « Intrépides ». Parmi les inscrits, il y avait ma mère, ma grand-mère, mon grand-père et ma tante. Mes grands-parents maternels aimaient marcher, particulièrement ma grand-mère, que j'ai bien connue et avec qui, quand on était petits, il était impossible de prendre un autobus : où qu'on aille, on marchait. D'abord parce que le bus, c'était cher, et ensuite parce que c'était bon pour la santé. Elle disait toujours : « Moi, si j'avais été un homme, j'aurais été chasseur alpin. » Mon père jeune était très beau. Il avait cinq ans de plus que ma mère. Quand il s'est inscrit, il avait 19 ans, ma mère en avait 14 : elle est tombée immédiatement amoureuse de cet homme, mais sans lui dire. Lui ne la voyait pas, c'était une petite fille ! Il est parti à l'armée dans l'est de la France, une expérience traumatisante, je pense. Quand il est rentré, il est retourné faire des excursions, ma mère était toujours là, elle avait grandi. Je crois que mon père a senti que cette fille était intelligente. Et elle était française. Ma mère devait être fascinée par ce *Latin lover*, qui en même temps avait des valeurs assez belles. Ma grand-mère maternelle ne voulait absolument pas de ce mariage avec un Italien. Aujourd'hui encore, si une jeune Marseillaise arrive devant ses parents en disant qu'elle veut épouser un Comorien – je parle des Comoriens parce que c'est la dernière vague d'immigrés à Marseille –, ça ne passe pas toujours très bien. Ma grand-mère paternelle ne voulait pas non plus de ce mariage, elle voulait que mon père épouse une fille de commerçant italien. Toujours est-il qu'ils se sont mariés. Et ce qui m'a toujours frappée, c'est que ma mère ne s'est pas mariée en blanc, alors qu'elle était vierge, elle s'est mariée en bleu marine. Je n'ai jamais su pourquoi et il n'y a pas eu de photos non plus, ça me manque encore.

Si nous revenons à la question de départ, qui es-tu donc aujourd'hui ?

C'est une question extrêmement difficile. [*Silence.*] Je crois que je n'ai pas trahi la jeune fille que j'étais à 18 ans. Je suis une comédienne « connue », comme on dit, avec une identité assez forte dans mon métier, et même à l'extérieur ! Je suis une comédienne pas glamour. Et je suis tout autant comédienne que je suis citoyenne. J'adore mon métier, jouer, interpréter des personnages, mais il y aura toujours dans le choix de mes projets une volonté de donner à voir des images de femmes qui sont très ancrées dans une réalité sociale. Comme dans le film que je viens de tourner cet été, *Sous le tapis* de Camille Japy, une comédie où je joue une femme un peu étrange, décalée. Quand j'étais jeune, je n'aurais pas pu (même si j'avais voulu) jouer un personnage féminin « faire-valoir ». Je suis tellement imprégnée de mon histoire… Il faut le savoir : on porte nos aïeux sur nos épaules, qu'on le veuille ou non. Parfois, c'est embêtant. On peut les trahir, bien sûr ; on peut leur être fidèle ; on peut s'en débrouiller ; on peut s'en servir ; ou on peut ne rien savoir. La façon dont Lola Lafon raconte sa judéité dans son livre* m'a beaucoup émue. Pendant des années, quand elle était jeune, elle ne voulait pas en entendre parler. Je comprends tellement cette posture. Et puis un jour, ton histoire te rattrape. Gisèle Halimi** entreprend tout un travail pour changer sa manière de parler, sa manière de bouger, pour coller à une représentation de la bourgeoisie féministe (mais de

* Lola Lafon, *Quand tu écouteras cette chanson*, Stock, 2022.

** Au moment où ont lieu nos entretiens, chez elle, fin septembre 2022, Ariane Ascaride répète le spectacle *Gisèle Halimi, une farouche liberté*, mis en scène par Léna Paugam et créé à l'automne au théâtre La Scala à Paris.

la bourgeoisie quand même). À un moment donné lui échappe cette formule en public : « J'avais la baraka. » Là tu te dis : « Elle est tunisienne », son identité resurgit. Ça m'arrive, bien sûr. Que je sois au Festival de Cannes ou ailleurs, il y a un moment où d'un coup je fais un geste ou prononce un mot qui va raconter d'où je viens. Tu peux ne pas le voir, mais moi je le sais. J'ai dû me battre, j'avais cette espèce de complexe absolument épouvantable. Quand je vais chercher des robes qu'on me prête pour un festival, je me dis : « Qu'est-ce que je fais là ? », il y a dans ma tête comme une gêne.

C'est la petite fille en toi qui ressent ça ?

Toujours. Tu me demandes qui je suis : je n'ai jamais quitté mon enfance. Et mon métier m'aide puisque je joue. C'est pour cela que je m'entends extrêmement bien avec les enfants, d'ailleurs. Il me reste ce réflexe de l'enfant qui fait silencieusement un examen rapide de l'adulte qu'il a en face de lui. C'est pour cette raison que je ne pense pas avoir trahi la jeune fille de 18 ans que j'ai été. Je suis quelqu'un de terriblement angoissé, beaucoup plus que ce que je montre ou que ce que l'on peut imaginer.

J'ai découvert cette angoisse dans ton livre, *Bonjour Pa'. La situation du confinement exacerbait sans doute le trait, mais pas uniquement.**

Cette angoisse n'est pas liée qu'au confinement. Je ressens le temps qui passe de manière très forte. Chaque jour vécu, je sais qu'il ne reviendra pas. Je n'arrive pas à être dans une espèce de continuum tranquille. Et plus le temps passe (j'ai plus de temps derrière moi que devant), plus chaque jour représente un temps extrêmement important. Donc je ne veux pas le perdre. Quand tu as 40 ans, tu te dis : « Ce n'est pas grave » ; c'est différent.

Je me rappelle très bien mon dernier cours de philosophie avant le bac. J'étais avec une très bonne amie, tout le monde est sorti de la salle et puis je suis revenue en arrière, je l'ai rattrapée par la main et je lui ai dit : « Regarde cette classe, tu ne la verras plus jamais. » J'ai toujours eu cette espèce de sacralisation de certains moments de ma vie. Et le sacré, c'est très important aussi dans ma vie.

---

* Ariane Ascaride, *Bonjour Pa'. Lettres au fantôme de mon père*, Seuil, 2021.

Nous aurons l'occasion d'y revenir, mais avant : qu'est-ce qui te donne envie de te lever le matin ?

En ce moment, il y a des jours où je resterais bien dans mon lit. Dans le monde tel qu'il est, il faut qu'on soit bien courageux pour se lever tous les matins. Et je pense que les conséquences du Covid ne sont pas finies. [*Silence.*] Cette pandémie nous a transformés, mais nous ne le savons pas ou ne voulons pas le savoir. Le rapport au monde n'est plus exactement le même. Et maintenant, la guerre en Ukraine, les problèmes d'énergie…

Alors je me lève le matin d'abord pour observer le ciel. [*Silence.*] Et je ressens parfois une responsabilité immense. C'est gratifiant de répondre à des interviews, mais c'est tellement difficile aussi de parler du monde ou de la société dans lesquels je vis. Heureusement, il y a toujours un endroit où on peut aller chercher la lumière, et c'est cette recherche qui m'intéresse. Même si elle est difficile, fatigante parfois. Bien souvent, quelqu'un souffle sur la flamme de ta bougie, tu dois la rallumer, recommencer. Et tu te dis : « Mais ça fait combien d'années que je répète la même chose ? »

C'est un peu Sisyphe. Tu arrives pourtant chaque matin à retrouver l'énergie de te lever.

Ah oui, je suis très sisyphéenne. Mais parce que c'est formidable de vivre ! Je me réveille et je me dis : « Ah, aujourd'hui, j'ai encore la chance de pouvoir observer le ciel, les arbres, les gens qui marchent dans la rue, les enfants qui vont à l'école… » C'est l'avenir. Je vois l'avenir avec son cartable qui passe sous mes fenêtres.

Une enfance solitaire

Dans *Bonjour Pa'*, tu nous apprends que la guerre civile régnait entre ton père et ta mère. Quel souvenir gardes-tu de ton enfance ?

La solitude. Même si je ne savais pas la nommer comme telle. Enfant, je n'avais pas de chambre, pas de lieu pour moi dans cette maison où coller une photo ou une affiche au mur. Mon endroit était cet immense placard en hauteur dont je parle dans le livre, auquel j'accédais avec une échelle et dans lequel je me réfugiais en fermant les portes. J'allumais la lumière, je lisais et me construisais un monde.

J'ai deux frères, je suis la petite dernière. Je crois que mon père était très content d'avoir une fille, mais depuis que j'ai écrit le livre, je me suis rendu compte que jamais personne ne m'a parlé du temps où ma mère était enceinte de moi. C'est comme si j'étais arrivée d'un coup. Je pense qu'au fond, même si l'ambiance n'était déjà pas géniale, la famille avait atteint à quatre un certain équilibre. Mon arrivée a fait exploser cet équilibre précaire. Donc j'étais très aimée, mais n'importe comment !

Ce qui veut dire ?

[*Silence.*] Mon père adorait sa fille de manière sporadique. Il était lui-même tellement préoccupé par d'autres choses : faire du théâtre, travailler, avoir des maîtresses. De temps en temps, il rentrait à la maison et il y avait cette petite fille qu'il aimait vraiment beaucoup. Il ne se préoccupait pas de comment je travaillais en classe. Je travaillais bien, voilà.

C'était important pour tes parents que tu travailles bien à l'école ?

Pour mes parents, ça a toujours été important qu'on travaille bien à l'école, mes frères et moi. C'était la génération qui voulait que les enfants réussissent mieux que leurs parents. Et c'est exactement ce qui s'est passé : nous avons étudié tous les trois à la faculté et nous sommes devenus des intellectuels. Mais quand tes enfants deviennent des intellectuels, qu'ils acquièrent un langage qui n'est pas le tien, la communication devient très compliquée. Petite, ma mère m'emmenait partout, comme son sac à main ! On est dans le Sud, c'est un temps où une femme seule ne sort pas. Donc ma mère va au cinéma, au théâtre, avec sa fille. Et puis il faut bien qu'elle s'occupe de sa fille, puisque son mari n'est jamais là pour la garder ni pour lui filer un coup de main. Je suis devenue comme son bâton de pèlerin. [*Silence.*] Et je l'ai toujours protégée, peut-être mal parfois. Il n'était pas question que je pose des problèmes à ma mère, elle en avait assez à régler. De son côté, la préoccupation de son couple qui s'effritait complètement prenait toute la place. La névrose de mes parents passait avant tout le reste, avant leurs enfants. Donc, affectivement, on était assez livrés à nous-mêmes. Et comme j'avais beaucoup de différence d'âge avec mes frères, j'étais seule. Heureusement, il y avait quand même ma grand-mère : j'allais chez elle en sortant de l'école et ma mère venait me chercher après sa journée de travail. Dans un milieu où il n'y a pas beaucoup d'argent, tu ne peux pas payer tous les jours quelqu'un pour garder ton enfant, et puis ce ne sont pas les pratiques. Parfois, c'était la voisine qui me gardait, parfois mon frère, le matin. Je passais le jeudi matin chez la marchande de légumes, qui m'adorait. Ça me plaisait, je jouais à la marchande. Du coup, ma tête fonctionnait tout le temps toute seule. Je me racontais des histoires – je me suis toujours énormément raconté d'histoires –, je lisais et je faisais mes devoirs.

Première émotion de lecture

Ce sont tes frères qui ont participé à ton éducation intellectuelle ?

Oui, mon frère Gilles m'a offert des livres. Mon frère Pierre m'a emmenée au théâtre. Mais Pierre avait 18 ans, j'en avais 6, on ne pouvait pas faire grand-chose ensemble. Gilles, c'était plus compliqué, on avait sept ans de différence, et mon arrivée a bouleversé son équilibre.

Te souviens-tu de ta première émotion de lecture ?

Ma première émotion de lecture, c'est un livre que mon frère m'avait offert, dans la collection « Rouge et Or », qui s'appelait *Mémoires du Père Noël*, de Georges Chaulet. Comme j'ai cru longtemps au père Noël [*rires*], je devais avoir 8 ou 9 ans. Il racontait la vie du père Noël toute l'année avant Noël. Après, un peu plus grande, ça a été *La Mare au Diable* de George Sand. Ensuite, la lecture m'a vraiment accompagnée toute ma vie. Quand tu lis, c'est le silence. Quelqu'un qui te voit lire ne vient pas te déranger, et comme je lisais souvent dans mon placard, c'était le silence. J'avais tellement de temps, seule… Lire, c'étaient des plages de temps extraordinaires, où je pouvais rencontrer des gens, des personnages. J'ai lu Anne Frank quand je devais avoir 12 ou 13 ans. [*Silence.*] J'ai pris ce récit de plein fouet. C'est étrange, je m'incarnais dans Anne Frank. Peut-être parce qu'elle était enfermée.

T'es-tu dit un jour, lorsque tu étais jeune : « Voilà, c'est ça que je veux faire plus tard ! » ?

Quand j'avais 8 ans, mon père pratiquait le théâtre amateur, j'allais le voir jouer. À cette époque, certaines troupes de théâtre amateur avaient pignon sur rue. Les gens se déplaçaient le dimanche pour voir leurs spectacles, c'était important. Ça a disparu – pas complètement, mais plus personne n'en parle, les médias non plus. Pourtant, les amateurs font encore des tas de choses. Le directeur de la compagnie, Gaston Mouren, était un ami de classe de Marcel Pagnol. Il avait participé à la revue *Cahiers du Sud*. Il faut que je raconte comment mon père et lui s'étaient connus, pour moi, c'est très important. Mon père a rencontré ce monsieur grâce à la Résistance (l'un de ses fils avait été fusillé à 17 ans par les Allemands). Mon père est entré dans la Résistance parce que le fascisme, pour lui, ce n'était pas possible. Mais aussi – c'est mon interprétation – parce qu'il avait un besoin fort d'être reconnu comme Français. Il ne nous a jamais parlé de son engagement dans la Résistance.

Comment l'as-tu appris ?

Au moment de sa retraite : avoir résisté, à cette époque-là, comptabilisait des points pour la retraite. Et aussi, un jour, j'ai vu débarquer à la maison des gens que je n'avais jamais vus. Ils venaient demander le témoignage de mon père : en fait, il avait été lieutenant dans la Résistance. C'est très flou, mais je crois qu'on voulait lui remettre une médaille et qu'il ne l'a pas acceptée.

Tu sais pourquoi il ne voulait pas en parler avec vous ?

Non. Certains résistants n'ont jamais voulu parler de ce qu'ils ont fait. Quand ma mère est décédée, j'ai retrouvé des papiers, dont effectivement la carte qui stipulait que mon père était lieutenant. Ma mère n'en a jamais parlé non plus, et mes frères n'en savaient pas plus que moi. Comme je l'expliquais, dans les milieux populaires, on ne raconte pas facilement l'histoire familiale. Je comprends très bien Édouard Louis : quand il raconte sa famille dans ses livres, il décrit des faits. Mais que dit-il ? Il dit que, dans son milieu, le langage n'existe pas. Mon père, lui, racontait pourtant très bien les histoires : il décrivait le quartier du Vieux-Port de son enfance, etc. Il a même rempli beaucoup de carnets, qui sont très bien écrits. C'est un témoignage historique incroyable.

On se demande toujours avec mes frères ce qu'on pourrait en faire. Il faudrait qu'un·e historien·ne travaille dessus, peut-être…

Pour revenir à ma question, t'es-tu dit un jour : « Voilà, c'est ça que je veux faire plus tard ! » ?

Alors je reviens à cette troupe amateur créée juste après la guerre, dans laquelle jouait mon père : une troupe assez brechtienne, très moderne. Un samedi après-midi, alors qu'il jouait dans une pièce sur l'Empire romain, avec Caligula, Messaline, Agrippine, Néron, Britannicus, Claude, il m'a emmenée à une répétition sans me prévenir. La sœur de Caligula, Drusilla, était une petite fille. Il ne m'a pas demandé mon avis, je me suis retrouvée au milieu de tous ces adultes. J'avais un accent marseillais à couper au couteau, et il me dit : « Dis "mouton" sans accent. » Je regarde mon père, je dis : « mouton ». Et il dit : « Vous voyez qu'elle peut le faire ! » Et voilà comment je me suis retrouvée sur scène. Parce que, même à Marseille, quand tu joues au théâtre, il faut jouer sans accent. Pour être comme les vrais acteurs. Quand je suis montée sur scène – je m'en souviens extrêmement bien –, je me suis dit : « Oh ! Je vais avoir un costume ! On va me maquiller ! » J'allais me déguiser, comme les enfants. J'avais les cheveux très longs. Mon père, qui était coiffeur, m'a fait un chignon. Je pleurais toutes les larmes de mon corps. Mais dans le chignon, il a planté une broche de ma mère qui scintillait. C'était génial. Je me rappelle très bien le jour où on a joué pour la première fois : j'étais tranquille. C'était comme dans la cour de récréation. Je regardais ces adultes et je les voyais qui avaient peur. Je n'avais jamais vu d'adultes avoir peur ! Le plateau est tout de suite devenu mon ami. C'était un espace dans lequel j'avais le pouvoir. J'étais comme un poisson qui découvrait l'eau. C'était un élément qui m'allait comme un gant.

Premier prix d'interprétation à Vichy

Tu ne t'es pas projetée pour autant ?

Non, mais je me sentais bien. Tout le monde a commencé à dire que j'étais géniale ! Je n'avais pas conscience de ce que je faisais. En plus, je jouais avec mon père, avec mes frères aussi : il nous avait tous forcés à faire du théâtre. Certains forcent leurs enfants à faire de l'escalade, nous, c'était le théâtre ! [*Rires.*] Moi, j'étais d'un naturel… Je me rappelle tellement cet état. Je dis toujours que j'ai passé ma vie professionnelle à essayer de retrouver cette sensation, cette plénitude, cette facilité. Du coup, ils ont continué à me faire jouer. À 10 ans, j'ai joué un spectacle qui s'appelait *L'Ange et la Souris*, une pièce sur Abraham et Isaac. On est allés passer le Concours national du théâtre amateur, et j'ai gagné le prix d'interprétation.

Ah, quand même !

Cet épisode a été très difficile pour moi. J'en garde un joli et horrible souvenir à la fois. Le concours se déroulait à Vichy pendant la semaine et j'avais école. Mes parents ne se parlaient plus. Ma mère ne voulait pas que j'y aille, mon père m'a emmenée de force. C'était compliqué, lui n'y allait pas depuis Marseille, donc il fallait qu'on se retrouve à Vichy. Il m'a fait partir dans la voiture de l'une de ses anciennes maîtresses, qui jouait avec nous dans le spectacle. Tu vois un peu la situation tordue… Et je savais qui était cette femme. C'est pour cela que je dis souvent que les enfants sont extrêmement résistants. Je suis d'une époque où on ne protégeait pas les enfants. Aujourd'hui, on commence un peu. Donc, je pars à Vichy. Pour moi, c'était étonnant d'aller à Vichy, je ne savais même pas où c'était. On passe ce concours, mais mon père ne m'explique rien, il me dit simplement : « Allez, on joue. » On finit de jouer, il me propose d'aller manger au restaurant, c'était bien, mais je ne savais toujours rien. Et puis il m'annonce qu'il faut que je reste, que je joue une nouvelle fois. Moi, je ne voulais pas, je voulais retourner à l'école ! Le lendemain après-midi, il m'emmène dans ce théâtre rempli. Je l'ai raconté dans un spectacle* : je suis avec un pantalon en pied-de-poule, mon anorak rouge, on m'a coupé les cheveux, ils sont très courts, comme un petit garçon. C'est très important, ce détail, pendant longtemps on m'a prise pour un petit garçon ; ça me plaisait beaucoup. Je suis assise à côté de mon père, le rideau s'ouvre face à une grande table et de très vieux messieurs assis derrière. Je ne comprends pas ce qui se passe. Je commence à entendre : « Prix de ceci, prix de cela. » Je m'en fiche complètement. Et puis, d'un coup, j'entends : « Prix d'interprétation, Ariane Ascaride. » Je vois encore mon père me dire : « Lève-toi ! Lève-toi, va chercher le prix ! » au milieu de toute cette salle. Je ne comprends rien. Et puis, des applaudissements retentissent. Je ne comprends toujours pas ce qu'il se passe. Je regarde mon père, il me dit : « Monte. » Je monte sur le plateau, le président du jury, un auteur, me serre la main. J'ai gardé une photo de ce moment, je crois. Et tous ces vieux messieurs qui me font des compliments : « Oh ! C'est magnifique ! Vous êtes formidable ! » Je redescends, une dame me saute dessus et me dit : « Je suis officier de la Légion d'honneur, je vous donne ma carte. Vous êtes extraordinaire ! »

---

* *Touchée par les fées*, monologue de Marie Desplechin, mise en scène de Thierry Thieû Niang, créé en Avignon en 2015.

Je ne sais pas qui c'est. Mon père me récupère et me dit : « Il faut rejouer. » Le choc était tellement énorme que je ne voulais pas, donc j'ai prétexté que j'avais une angine. Et là, mon père qui ne me faisait jamais de cadeaux me dit : « Écoute, si tu rejoues, je t'offre ce que tu veux. » Je me suis fait payer tout ce que je voulais : une collection de timbres, une robe, le petit verre pour les curistes de Vichy que je trouvais très joli, des sucres d'orge. Et, finalement, on a rejoué.

Ce qui est étonnant c'est que, bien des années plus tard, alors que j'étais en tournée avec Pierre Arditi, on se retrouve à jouer à Vichy. Le théâtre n'avait absolument pas changé, les loges étaient toujours les mêmes, rien n'avait été modernisé. [*Silence.*] Ça a été un moment de grand bouleversement pour moi. En reparler l'est encore, d'ailleurs. J'ai expliqué le contexte à Pierre qui a été formidable. Au salut, il m'a pris la main et, l'espace d'une seconde, j'ai cru que c'était mon père qui me tenait. J'ai toujours adoré la manière dont mon père me prenait par la main. Pierre me l'a prise exactement comme mon père, et à ce moment-là se sont mélangées fiction et réalité. Je finissais de jouer et ce souvenir incroyable remontait du fond des temps. D'une certaine façon, c'était pour ce moment que j'étais devenue actrice.

J'ai joué encore un spectacle, et après je n'ai plus voulu. J'arrivais à l'adolescence, j'avais environ

12 ans, ça devenait compliqué, on ne me faisait jouer que des rôles de garçon. Et puis je voulais sortir de ce rapport avec mon père, je voulais essayer de trouver une certaine liberté.

Théâtres et églises : des lieux sécurisants

Ta propre voie, peut-être.

Oui. Je pense que j'ai fait beaucoup de peine à mon père, mais ce n'était plus possible. Sur le chemin du lycée, je me posais des questions sur mon avenir, j'avais envie d'être homme-grenouille ou missionnaire, toujours des métiers où il fallait sauver les gens. Je savais que je ne pouvais pas apprendre tous ces métiers. Comme j'avais fait du théâtre, je me suis dit : « Si je suis comédienne, je pourrai faire plein de métiers en fonction de mes personnages. » Au départ, mon envie est venue de là. Ce n'était pas pour dire de très beaux textes, c'était pour le jeu. Pas le « je », moi – le « jeu », jouer. Je pourrais passer d'une vie à une autre. Et je pense aussi, certainement, que ça venait du fait que la vie que j'avais n'était vraiment pas drôle. [*Silence.*] Il faudrait que j'en parle avec un analyste, mais les théâtres sont les seuls lieux où je me sens complètement sécurisée. J'ai toujours adoré être dans un théâtre, même vide, et particulièrement dans les théâtres à l'italienne. Quand j'entre dans un théâtre, c'est à moi. Je ne sais pas comment expliquer ce ressenti, mais je ne dois pas être la seule actrice à le connaître. Les théâtres sont les seuls endroits au monde, avec les églises, où je me sente aussi bien.

Avec les églises ? Toute fille de communiste que tu es, le sacré tient une grande importance dans ta vie, pourquoi ?

Parce que les murs des églises sont comme les murs des théâtres : chargés de la vie et des émotions de tant de gens ! Cette semaine, je redescends à Marseille jouer mes sermons de Pagnol dans les églises. Je suis contente, je suis très à l'aise quand je joue dans une église. J'aime le côté désacralisé, j'y circule comme si j'étais dans un théâtre. Alors que, quand tu rentres dans une église, d'habitude il y a toujours ce côté un peu solennel. Là, je rencontre les prêtres, je les vois bouger, ils changent une bougie, ils vaquent à leurs affaires, ça me plaît terriblement. Et d'un coup, pouf !, l'église devient théâtre. Dans un théâtre, quand tu prépares un spectacle, tu es au milieu des techniciens qui travaillent, des papiers qui traînent, et puis un soir, pouf !, c'est tout beau, les lumières et les gens entrent. Dans une église, pour moi, c'est pareil. [*Rires.*]

Tu étais une très bonne élève à l'école. Savais-tu déjà que tu poursuivrais des études supérieures ?

J'ai été une très bonne élève en primaire. Et j'aurais pu en être une excellente au secondaire, mais je me suis juste débrouillée pour ne jamais redoubler. C'était sans doute un appel à l'aide, car personne ne regardait mes devoirs à la maison. Je n'arrivais pas à les faire chez moi, si bien que je les faisais très souvent chez cette amie que j'ai eue jusqu'en terminale.

Les études supérieures, pour moi comme pour mes frères, c'était une étape obligée. Ma mère particulièrement (mais mon père aussi) tenait à ce que je sois autonome financièrement. Gisèle Halimi raconte comment son père donnait de l'argent à sa mère pour qu'elle puisse faire les courses. Il ne cessait de lui répéter : « Mais enfin ! Vous me demandez toujours de l'argent. » J'ai connu ça, et en plus mes parents ne se parlaient pas, ils hurlaient. Ma mère travaillait mais ne gagnait pas suffisamment pour faire tourner la maison. Alors elle subissait chaque fois ces séances d'humiliation : c'est terriblement humiliant de récupérer l'argent posé sur un coin du buffet. Donc j'ai vu ma mère se priver, prendre sur l'argent des repas ou sur son argent pour me payer, par exemple, un voyage linguistique avec le lycée. Mon père, lui, avait son compte*, il faisait sa vie et ne sortait pas un sou. C'était dur.

Ma mère travaillait au service comptabilité d'une maison de distribution de films (à cette époque, ça existait encore à Marseille). Dès qu'un film sortait, elle avait des places gratuites, on allait tout le temps au cinéma. On pouvait aussi bien voir un film hollywoodien que *L'Évangile selon saint Matthieu* de Pier Paolo Pasolini. À 11 ans, j'ai vu *L'Évangile selon saint Matthieu*. Ce Christ était bizarre (j'avais l'image du Christ hollywoodien, blond avec les yeux bleus et les cheveux longs !). Maintenant que j'ai revu le film cent quarante mille fois, je peux le dire : j'ai un souvenir précis du plan de l'Annonciation à Marie par l'ange Gabriel, en noir et blanc, il s'est passé quelque chose.

Pour des raisons très compliquées, j'ai eu une éducation protestante. Ma mère avait baptisé mes deux frères chez les curés. Mon père n'en avait rien à faire : il était stalinien. Lorsqu'elle a voulu me baptiser aussi, le curé a refusé parce que mon prénom n'était pas dans le calendrier. Ça a mis mon père dans une colère énorme, va savoir pourquoi. Dans la Résistance, il avait eu un ami pasteur issu de la communauté suisse de Marseille, qui a accepté, lui, de me baptiser sans problème. Voilà pourquoi je

* Pour mémoire, les femmes n'ont été habilitées à ouvrir un compte à leur nom, sans l'accord de leur mari, qu'en 1965.

suis baptisée protestante. Ma mère a accepté. C'est une famille très anarchique, c'est difficile de faire comprendre ça aux gens ! Du coup, on a inscrit mes frères chez les scouts protestants, et moi, à 5 ans, on m'a envoyée à l'École du dimanche, le catéchisme protestant. J'adorais mon cahier avec les images qu'on collait, ces histoires sont tellement belles. La religion, pour moi, c'est avant tout des histoires. Et à 6 ans, on m'a inscrite chez les scouts protestants. Les protestants ont une sacrée rigueur : tu es responsable de tout ce que tu fais. Cette rigueur, je me la suis prise de plein fouet… et je ne l'ai jamais perdue.

Une rigueur protestante, une angoisse de mort

Cette rigueur t'a été utile, ou c'était « trop » ?

Cette exigence m'a aidée à arriver où je voulais aller. C'est-à-dire que je supporte. Tu ne peux pas savoir comme je supporte. C'est terrible !

À cause de la religion, tu crois, ou de ce que tu as vécu chez toi ?

Un peu les deux, mon capitaine. Mais… [*Silence.*] Je suis un soldat. Je tiens. Et je pense que l'exigence qu'inculque la religion protestante m'a aidée à tenir encore plus. De toute façon, je n'avais pas d'autre solution : soit je tenais, soit je devenais folle. J'aurais pu devenir folle. J'aurais pu être une enfant complètement dépressive. J'ai quand même connu des épisodes terribles dans mon enfance. Je faisais un truc incroyable : je me faisais mourir.

**Tu te faisais physiquement mourir ?
C'était un terrible appel au secours.**

Oui, je m'arrêtais de respirer, complètement. En fait, c'était une angoisse énorme. Alors mon père me tirait une paire de gifles, et après il me mettait sous la douche. La première fois, j'avais 9 ans, c'est quand j'ai entendu à la radio que John Kennedy était mort. Quel rapport ? tu me diras. Il avait une aura incroyable ; tout le monde parlait de lui. Dans ces moments, ma mère s'affolait, mon père voyait que c'était un appel au secours mais il ne disait rien. Il ne pouvait rien faire. Que voulais-tu qu'il fasse ? Il était responsable de l'état dans lequel j'étais. On m'a soignée et en grandissant, vers 12-13 ans, j'ai commencé à gérer autrement.

**Tu crois que ton père avait conscience
d'être responsable de ton mal-être ?**

Il était très intelligent. Ce n'était pas si clair que ça sans doute, mais il devait quand même sentir quelque chose. Quand j'étais très petite, à 4 ans, j'ai été malade. J'ai eu ce qu'on appelait à ce moment-là une « adénite », c'est-à-dire une inflammation des ganglions qui pouvait déclencher des maladies graves comme une leucémie. C'était très inquiétant. On m'a opérée, j'en ai un souvenir horrible, on ne ferait plus jamais subir ça à un enfant. Plus tard, vers l'âge de 12 ans, tout le monde s'est affolé encore : je n'avais plus de globules. Selon moi, ma vie était tellement pas drôle que j'avais envie de mourir. J'avais souvent des angoisses de mort. Et plus tard, à 17 ans, j'ai eu une hépatite aiguë. Quand j'étais malade comme ça, mon père dormait avec moi, comme un chien. Il n'était pas question que quelqu'un d'autre m'approche. En plus, il adorait se sentir médecin. Son rapport à la médecine était complètement fou. Il s'est fait opérer je ne sais combien de fois, parfois pour rien, pour le plaisir de se faire ouvrir ! Mais ça, c'étaient ses angoisses à lui. Je suis la fille d'un homme drogué, quand même : il prenait tout le temps des médicaments, certains à base d'opium, comme ses antidépresseurs. C'est pour cette raison que je n'en prends jamais. Si tu me mets un sac de médicaments sous les yeux, ça me rend folle.

Le héros de Mai 68

En Mai 68, tu avais 13 ans, tu as vécu les événements de loin, à Marseille. Quels souvenirs en gardes-tu ?

Je raconte toujours que j'ai eu un héros en 68, un monsieur qui doit maintenant avoir environ 75 ans.

Le 13 mai 68, je descends avec mon cartable pour aller à l'école. Je suis en cinquième ou en quatrième et j'ai cours de couture, comme dans *Diabolo menthe** ! J'avais une prof de couture, un vrai monstre, qui me détestait. En plus, à la récréation, avec mon côté garçon manqué, je courais, souvent je n'avais pas les mains très propres et, évidemment, dans les toilettes de ce lycée, il n'y avait pas de savon. Donc j'arrivais les mains sales au cours de couture où on devait travailler sur des morceaux de percale blanche… Je n'étais pas bonne en couture, mes mains transpiraient, je tirais le fil blanc qui devenait gris. La prof prenait mon travail, le montrait à toute la classe et disait : « Regardez ce que fait Ascaride. C'est dégoûtant ! » Elle était boiteuse, la pauvre, je ne sais pas si c'est à cause de ça, mais elle était d'une méchanceté ! Elle avait toujours une couche épaisse de fond de teint et les yeux maquillés dans

* *Diabolo menthe* est un film sur l'adolescence avant 1968, réalisé par Diane Kurys en 1977, devenu un classique.

un bleu incroyable, une espèce de coiffure bouclée pleine de teinture. Je la haïssais. Pendant quatre ans, de la sixième à la troisième, tous les lundis matin, premier cours, j'allais à l'échafaud. Donc, j'arrive devant le lycée – il avait un perron avec trois marches – et je vois sur les marches plein de jeunes – des filles et des garçons – qui empêchent les élèves de rentrer. J'étais dans un lycée où il n'y avait que des filles, toutes les profs étaient des femmes. Les profs derrière, dont ma prof de couture, hurlent : « Mesdemoiselles, entrez ! » En face du lycée, sur le boulevard, j'achetais toujours un bonbon au kiosque avant d'aller à l'échafaud. J'achète mon bonbon, je reste près du kiosque et j'observe. Les filles ne peuvent pas entrer. Ma prof hurle plus fort que tout le monde. Devant elle, il y a un beau mec, avec des cheveux longs jusqu'au dos. J'en ai fait un héros, alors je ne sais pas s'il était si beau que ça, mais pour moi c'était et c'est toujours le plus beau. D'un coup, ma prof l'attrape et le tire par les cheveux. Le gars se retourne et lui met une mandale – mais une vraie mandale ! [*Rires.*] Là, je me suis dit : « Mais je l'aime, lui ! » J'ai pris mon cartable, j'ai fait demi-tour et je suis rentrée à la maison. Je ne suis plus allée à l'école jusqu'au mois de septembre. Et puis c'était vachement rigolo, c'était la liberté totale, il faisait beau, j'allais à la mer pendant que mon frère occupait l'université. Ça ne me semble pas si loin…

Tu comprenais quand même ce qui se passait dans le pays ?

Bien sûr, parce que tous les dimanches mon frère revenait à Marseille de l'université d'Aix. Il était gauchiste à mort, et mon père était stalinien. Ils s'empaillaient pendant le déjeuner dominical, tu n'as pas idée. Il faudrait en faire un film. On habitait au rez-de-chaussée, le mur du jardin était mitoyen à celui des voisins. Mon père ne parlait jamais à notre voisin parce qu'il était de droite. Un jour – c'est le Sud, il fait beau tout le temps, donc les fenêtres sont ouvertes –, lors de l'un de ces empaillages avec mon frère, on voit apparaître la tête du voisin qui dit : « Je suis d'accord avec vous, monsieur Ascaride. » Mon père et mon frère se retournent et l'abreuvent d'insultes : d'un coup, la gauche avait refait union, mon père était hyper-vexé que ce type de droite lui dise qu'il était d'accord avec lui. Mais pour mon père, les gauchistes n'avaient rien compris, ils avaient des pensées de petits-bourgeois – ce qui n'était pas complètement faux, d'ailleurs, la plupart des gauchistes sont devenus vingt ans plus tard de vrais bourgeois – par rapport aux idées révolutionnaires absolues. En plus, mon frère expliquait le monde à mon père.

Moi, j'observais tout ça, j'écoutais l'un, j'écoutais l'autre, je me demandais ce qui allait arriver et je trouvais tout cela formidable ! La société de mon enfance était terne, grise. Quand j'ai eu 10 ans, les Beatles, avec leurs cheveux un tout petit peu longs, émergeaient, mais là, il se passait enfin quelque chose, une espèce d'explosion du système. C'est parti dans tous les sens, mais c'était enthousiasmant. Les filles et les garçons ont commencé à s'habiller avec des couleurs, des jupes longues, des pantalons, les hippies quoi, et je me disais : « Ah, ça j'aime ! » Des garçons dormaient avec des filles sans être mariés, on vivait vraiment un choc de société. Beaucoup d'historiens ont raconté cette époque. Malheureusement, la bourgeoisie a bien récupéré cette énergie nouvelle.

Un garçon manqué

Toutes les femmes que j'ai interrogées dans cette collection confient qu'elles étaient des « garçons manqués » durant leur enfance.

Non ?! Eh bien, Gisèle Halimi aussi. Elle dit : « Je voulais m'en sortir. Je voulais me sauver. Je me disais que j'étudierais, je travaillerais, j'agirais comme un homme. » Ça raconte quelque chose de très important : si les femmes qui ont pu prendre la parole pendant ces derniers siècles ont dû, à un moment donné, passer par un mode masculin, c'est bien que les portes n'étaient pas ouvertes aux femmes. Alors qu'on ne nous dise pas que le monde n'a pas toujours été construit pour les hommes ! C'est seulement après avoir endossé cette « masculinité » que l'on peut ensuite retrouver notre propre identité. Après, on développe des réflexes « masculins » presque, je dirais, qui font qu'on n'a plus peur et qu'on sait qu'on va pouvoir arriver à se faire entendre, mais parce qu'on est passées par cette expérience d'« emprunt du mode de fonctionnement du dominant ». Et ce n'est pas seulement en France, c'est dans le monde entier. C'est quand même incroyable ! Ça vaudrait le coup qu'un·e sociologue se penche vraiment sur cette question.

Un double parcours, de raison et de cœur

Revenons à tes études : à 17 ans, elles restent ta priorité ?

À 17 ans, je suis en terminale, mais je m'inscris aussi au conservatoire de Marseille en cachette. J'ai renoué avec le théâtre en seconde, grâce à mon prof d'anglais qui avait monté un club théâtre et m'avait proposé un rôle d'homme : Figaro (dans la pièce de Beaumarchais). Là, j'ai ressenti comme une évidence, je me suis dit : « Ça, je sais faire. » Par orgueil, je n'avais pas invité mes parents à la représentation. (Plus tard, il a bien fallu que je leur dise que j'étais au conservatoire.) C'est idiot, mais j'étais persuadée que je pouvais faire des choses que personne d'autre que moi ne pouvait faire. Je ne saurais expliquer pourquoi, c'était ancré en mon for intérieur. Je me rappelle que j'avais vu *Zazie dans le métro*, et je m'étais dit : « Ce n'est pas possible, c'est moi. » En plus, on me répétait souvent que je ressemblais à cette petite fille qui jouait Zazie. À partir de là, j'ai vraiment mené les deux en parallèle : les études et le théâtre. [*Silence.*]

Au lycée, aucune de mes copines ne faisait de théâtre. Quand je revenais de mes cours du conservatoire, ça les dérangeait de me voir m'éclater, elles avaient l'impression que je voulais me faire remarquer. Ce n'est pas évident de comprendre ce qu'on vit pour ceux qui ne connaissent pas les pratiques artistiques. Donc, ce n'était pas facile à assumer et je rabaissais tout ce que je faisais. Il n'y a que le côté clown qui plaisait, là on me faisait des compliments. C'était dur parce que la majorité des filles au conservatoire étaient issues de la bourgeoisie marseillaise. Moi, j'étais là, à côté. Il y avait deux sœurs aussi, avec lesquelles je suis restée en relation d'ailleurs, dont les parents étaient communistes ! On était trois « terriennes », les autres étaient évanescentes, parce que, pour être actrice, il fallait être *évanescente*. [*Rires.*] J'avais une professeure, rapatriée d'Algérie, une femme formidable à qui je dois beaucoup, notamment de savoir marcher comme une fille sur un plateau ! Elle m'a obligée à porter une robe avec une crinoline, elle m'a appris qu'on s'assoit sur les bords des chaises. Moi j'arrivais, boum !, c'était épouvantable. [*Rires.*]

La première fois que j'avais été invitée chez mon amie d'école (je ne savais même pas qu'on pouvait être invité pour un goûter), j'ai déchiré la toile cirée et le rideau de douche, sans faire exprès bien sûr. Elle, c'était une petite poupée très douce, très tranquille. Son père m'a dit : « Je suis tellement content de te connaître », alors que j'avais tout cassé. Il devait penser qu'avec moi Murielle allait se « dégourdir ». Elle était nulle en sport. Moi, j'ai toujours été première en sport. Il me disait : « Allez, fais-la courir ! » Il s'est créé une complémentarité entre nous. Ses parents étaient gaullistes, mais ils ont accepté cette fille qui disait : « Vive le Parti communiste ! » Ils étaient d'une humanité ! Ils m'ont accueillie chez eux alors que j'étais tellement seule pendant l'adolescence. Je pouvais aller dormir chez Murielle qui, elle, avait une chambre. C'est peut-être difficile à comprendre, mais c'était pour moi extraordinaire. Ils m'ont prise telle que j'étais, et ils m'ont beaucoup aidée. Je suis extrêmement redevable à cette famille, elle m'a sauvé la vie. Je suis encore en lien avec Murielle (sa maman est toujours vivante aussi), elle me dit souvent : « Tu sais, Ariane, on ne pense pas la même chose politiquement, mais ce n'est pas grave. » Et c'est vrai que ce n'est pas grave !

Des études de sociologie

Pourquoi as-tu choisi d'étudier la sociologie après ton bac ?

La sociologie, c'est venu parce que c'était tellement simple. En terminale, à la fin du lycée, j'étais déjà politisée. C'était l'époque de l'UNCAL, le syndicat des lycéens. Avec mes frères politisés, j'entendais parler du syndicat chez moi, cela faisait partie de la culture familiale. Ma mère était politisée aussi, puisqu'elle était fille d'un anarcho-syndicaliste. Elle a toujours été une femme de gauche, alors que ma grand-mère maternelle était de droite. Et puis, les gens m'intéressaient, le monde m'intéressait. Je me rappelle très bien avoir entendu à la radio le récit de la fin de vie de Che Guevara, comment il était pisté, et comment il a finalement été tué le 9 octobre 1967 – j'avais 13 ans. Je me rappelle aussi Régis Debray*, arrêté et emprisonné en Bolivie. C'étaient des héros à mes yeux. Quand tu vois la photo du Che mort exposé sur la table, c'est christique…

J'ai suivi deux ans de cours à la fac d'Aix. Entre-temps j'ai passé, et réussi, les concours de comédie classique et de comédie moderne au conservatoire. Et déjà je devais me battre : les parents d'élèves, par exemple, au lieu de dire que j'étais « populaire », pensaient que j'étais « vulgaire ». Heureusement que ma prof m'a soutenue à sa manière. Elle m'a appris les codes des jeunes filles de bonne famille.

---

* Régis Debray, né en 1940, est un écrivain et philosophe français qui a participé à la révolution aux côtés du Che lorsqu'il était en Bolivie. Après la mort du Che, il a été emprisonné plus de trois ans (de 1967 à 1970).

Tu veux dire qu'on est obligé·e d'être un·e enfant de « bonne famille » pour faire ce métier ?

En règle générale. Là, il se trouve que l'entrée était sur concours : je l'ai passé et je l'ai eu, de ce point de vue il n'y avait aucun problème. Mais les règles sociales sont tenaces. J'ai revécu le même scénario quelque temps plus tard, quand j'ai passé le concours du Conservatoire de Paris. S'il n'y avait pas eu des professeurs comme Marcel Bluwal ou Antoine Vitez*, je n'aurais jamais été acceptée, je ne rentrais dans aucune case ! Et c'est toujours le cas. [*Rires.*] Je repère tout de suite les comédiennes qui me ressemblent dans d'autres pays, comme Frances McDormand, par exemple, cette comédienne américaine que j'aime tant, qui a reçu trois Oscars de la meilleure actrice pour *Fargo* (1997), *Three Billboards* (1998) et *Nomadland* (2021), très engagée et féministe.

L'art te transforme

Il ne faut pas oublier que les acteurs étaient des saltimbanques. Il faut relire *L'Illusion comique* de Corneille, c'est ça le théâtre pour moi. J'aime

* Marcel Bluwal (1925-2021), metteur en scène et réalisateur, et Antoine Vitez (1930-1990), acteur, metteur en scène et poète, ont marqué l'histoire du théâtre et ont tous deux été professeurs au Conservatoire national supérieur d'art dramatique à Paris.

l'instinct, le décalage. Les comédiens qui sont dans les clous m'assomment, je pense qu'ils doivent avoir un pied dans la fiction et un pied dans la réalité.

Je m'ennuie en ce moment au théâtre parce que je ne vois que des spectacles qui préoccupent les bourgeois. Pourquoi ça marche ? Parce que le public est un public de bourgeois. On vient leur parler un langage qu'ils comprennent bien puisque c'est le leur. Sauf que tout le monde s'endort. Donc les gens des milieux populaires ne vont pas au théâtre. Ils vont voir quoi ? Des divertissements. Parce que c'est vivant, c'est sympa, c'est une sortie, et pour eux, l'art, c'est du divertissement. L'art peut être un divertissement, oui, il te fait échapper à une réalité, même si tu vas voir *L'Illusion comique*, mais ce n'est pas que ça. L'art t'apprend quelque chose, te transforme. Il te transcende, te permet de réagir, te fait réfléchir, il te réveille, te questionne. Qu'il s'agisse de peinture, de musique, peu importe.

Je suis plutôt hermétique au rap, je le dis sincèrement : ce n'est pas ma culture. (Ce qui me dérange, c'est quand l'inspiration des rappeurs se réduit au fric : certains sont enchaînés à leur chaîne en or !) Mais ma fille connaît bien et, de temps en temps, elle essaie de me faire découvrir ce qu'elle aime. Eh bien, parfois je me dis que c'est ça, la culture urbaine. C'est absolument formidable, ce qu'expriment ces jeunes. Mais comment ceux qui détiennent les clés de la culture reçoivent-ils le rap ? Soit ils le considèrent comme « exotique » et s'en servent, soit ils ne le comprennent pas.

Comment as-tu réussi à faire abstraction du mépris que tu recevais dans le milieu du théâtre pour continuer ton chemin ?

C'est là que j'emmerde le monde et que mon orgueil entre en jeu ! Je ne suis pas revancharde, mais je suis orgueilleuse. J'ai droit à ma place. Et, à travers moi – c'est très présomptueux –, je fais entendre aux autres filles de mon milieu que c'est possible. Aujourd'hui, au sein du cinéma français, il y a encore de jeunes comédiennes évanescentes, bien sûr, et pourquoi pas ? mais je suis contente parce qu'il y en a aussi d'autres, certaines issues de l'immigration mais pas que, qui arrivent avec un *background* différent. C'est plus diversifié.

La « montée » à Paris

Raconte-nous comment tu es passée de la faculté d'Aix-en-Provence au Conservatoire de Paris.

Eh bien, d'un coup ça s'est précisé, j'ai vraiment eu envie d'être actrice, mais je ne pouvais pas ne pas terminer ma maîtrise de sociologie (par rapport à mes parents). Mon grand frère, Pierre, était acteur, et moi, j'allais tout le temps au Théâtre du Gymnase à Marseille. Un jour, l'un de ses amis est venu jouer une très belle pièce, *La Tragédie optimiste**, sur la révolution russe. J'ai adoré ce spectacle. Je suis allée le voir je ne sais combien de soirs de suite. L'un des acteurs de cette pièce, René Férer, voulait réaliser un film (autour de la folie, qui est devenu *Histoire de Paul*, et que Michel Foucault a sublimement défendu en écrivant un papier dans *Le Monde*). Il me répétait tout le temps qu'il fallait que je devienne actrice. Donc, à la fin de ma deuxième année de fac, je me suis décidée : « Je pars à Paris ! » Il m'a aidée à trouver une chambre, j'ai débarqué à Paris toute seule, et je suis devenue jeune fille au pair chez un acteur qui habitait à École militaire !

Tu as lâché la fac, alors ?

Non, je me suis inscrite en licence à la Sorbonne. J'avais 19 ans : le choc a été d'une violence inimaginable.

Il ne faut pas oublier que, à cette époque, Paris-Marseille, c'était huit heures de train, tu ne faisais pas des allers-retours comme aujourd'hui. J'avais peur de tout : du métro, des gens dans la rue, d'entrer à la maison de la presse pour acheter un journal. Bernard

---

* *La Tragédie optimiste* a été écrite par le dramaturge soviétique Vsevolod Vichnevski en 1933.

Freyd, le sublime comédien chez qui j'habitais, travaillait avec Jean-Pierre Vincent. Je m'occupais de son petit garçon, trisomique, qui était un ange. Pour aller dans ma chambre de bonne, il fallait que je passe par le monte-charge. Et dans l'ascenseur de l'immeuble il restait une plaque avec l'inscription suivante : « L'ascenseur est interdit aux domestiques et aux colporteurs. » Je me suis vraiment demandé où j'étais tombée ! J'avais peur de la concierge – à Marseille, il n'y avait pas de concierge –, qui me regardait comme une moins que rien. On devait elle-même la traiter comme ça, alors elle se défoulait.

Donc j'étais jeune fille au pair pour gagner trois francs six sous, et j'allais à la Sorbonne. Je croyais que ce serait une fac comme à Aix, mais ça a été d'une froideur épouvantable. Je ne comprenais même pas comment rejoindre ma salle de cours. Un jour, j'avais enfin trouvé la bonne salle, une fille entre et me demande si elle est au bon endroit. J'acquiesce et elle enchaîne : « Je suis perdue, j'arrive de Grenoble. » On est devenues amies (encore aujourd'hui c'est une amie très chère), entre « immigrées », je dirais. On s'est épaulées. J'ai réussi à suivre ma licence, mais c'était dur, vraiment très dur. En plus, j'avais rencontré Robert* à l'université l'année précédente, en deuxième année. Comme

* Robert Guédiguian, mari d'Ariane, est réalisateur de nombreux films. Robert et Ariane forment également un couple artistique depuis plus de quarante ans.

je n'avais pas de téléphone, je lui écrivais tous les jours. Jusqu'au moment où il y a eu une grève de la poste pendant cinq semaines ! On ne pouvait plus communiquer, c'était terrible. Le téléphone s'est démocratisé seulement au milieu des années 1970.

Tu n'étais pas encore au Conservatoire ?

Non, pas encore. À la fin de mon année de licence, je suis redescendue à Marseille et je me suis mariée le 27 juin 1975. On est remontés avec Robert après l'été, en septembre. Entre-temps, il s'était lui aussi inscrit en sociologie (il avait commencé en sciences économiques, pour après bifurquer en socio) et on a décidé de faire notre maîtrise ensemble sur les élèves du Conservatoire de Paris… Et là, on a constaté effectivement que la plupart étaient d'origine bourgeoise.

J'ignorais que l'on pouvait présenter un sujet à deux à la fac.

Si, c'est ce qu'on a fait avec Robert, à la fac de Vincennes* où gravitaient tous les profs les plus progressistes. Notre directrice, Mme Benzine, était

---

* Le Centre universitaire expérimental de Vincennes a été créé à l'automne 1968, sur la décision d'Edgar Faure, alors ministre de l'Éducation, pour répondre à l'attente des étudiants manifestants de Mai 68.

formidable. On est restés amis, on allait la voir régulièrement. Donc, quand on est remontés à Paris, j'ai passé pour la première fois le concours du Conservatoire. À cette époque, tu n'étais pas obligé d'avoir déjà suivi deux ans intensifs de théâtre. Je n'avais pas fait de théâtre depuis un an et je me suis royalement plantée. Ça a été l'une des grandes humiliations de ma vie. On m'avait conseillé de porter des chaussures à talons et une jupe, mais je ne me sentais pas du tout à l'aise. Et surtout, l'un des membres du jury, un acteur qui s'appelait Jean Meyer, s'est littéralement foutu de moi pendant mon passage. J'ai été très malheureuse, et terriblement vexée. Pour moi, c'était impossible que je n'entre pas au Conservatoire, c'était anti-nature. Avec cette immense humiliation, j'ai découvert ce milieu, et cette expérience m'a servi pour le reste de mon parcours.

Comment t'es-tu relevée de cette épreuve ?

Heureusement, j'avais une amie qui était déjà élève au Conservatoire. Elle a demandé à Antoine Vitez si je pouvais venir de temps en temps assister à ses cours. Antoine, qui était un homme formidable, a accepté. Donc, cette année-là, pendant que j'écrivais ma maîtrise sur les élèves du Conservatoire, j'avais l'occasion d'être directement sur mon terrain d'étude. Je pouvais à la fois poser des questions aux élèves si j'en avais besoin et observer leurs cours. L'année d'après, j'ai repassé le concours et, cette fois, j'ai été reçue. Et j'ai aussi obtenu ma maîtrise. Je pense que mon père n'a jamais été aussi heureux de sa vie… [*Silence.*] Surtout parce que j'avais décroché ma maîtrise. En même temps, il était content que j'entre au Conservatoire. Si je n'avais pas été reçue, je ne sais pas comment j'aurais fait, parce que je n'avais pas l'argent pour me payer un cours de théâtre. Il aurait fallu que je travaille, ce que font des tas de mômes aujourd'hui pour payer des cours privés.

Marcel Bluwal et l'entrée au Conservatoire

Avant de passer le concours, savais-tu qui était Antoine Vitez ?

J'ai voulu aller au Conservatoire parce que Marcel Bluwal y était professeur. Je raconte souvent cette histoire. Petite, je n'avais pas de télévision, j'allais la regarder chez ma voisine. Un jour, je vois un monsieur avec une casquette qui parle d'un livre qu'il a écrit et qui s'appelle *Un aller**. Je l'écoute, et – très étonnant – je comprends absolument ce qu'il est en train de dire. Plus que comprendre, je *ressens* ce qu'il dit. L'écran affiche sous lui : « Marcel

* Marcel Bluwal, *Un aller*, Stock, 1974.

Bluwal ». J'ai pensé à ce moment-là : « Je connaîtrai ce monsieur. »

La première année où tu as tenté le Conservatoire, Bluwal n'était pas dans le jury ? Vitez non plus ?

Non, et l'année d'après ils y étaient tous les deux. Leur obsession était de faire entrer au Conservatoire des gens qui ne correspondaient pas au moule traditionnel. C'est pour cela qu'avec Jean-Pierre Darroussin on a été choisis tous les deux cette même année. Bluwal et Vitez sont restés plusieurs années professeurs après, mais ma promo a été une promo spéciale, elle incluait : Jean-Pierre Darroussin de Courbevoie (dont le père était étameur), mon copain Patrick Bonnel, qui habite dans le Morvan (de Courbevoie aussi, orphelin de père et dont la mère travaillait sur les marchés), un autre copain, Pierre Banderet, fils de paysans suisses (qui travaille encore beaucoup en Suisse), un autre, Alain Lenglet, qui venait des immeubles de Nanterre – maintenant comédien à la Comédie-Française –, et moi !

Comment se passait la cohabitation entre vous et la jeunesse bourgeoise ?

Elle se passait bien. À ce moment-là, vers 1976, la contre-culture était très présente, tout le monde était plus ou moins communiste dans ces milieux. Avec mes copains, quand on s'est rendu compte qu'on était des enfants de pauvres, ça a créé une solidarité immédiate entre nous. Et puis j'avais 20 ans et j'étais mariée. Les mecs étaient comme des fous, ils draguaient toutes les filles, mais avec moi ils ont développé un rapport fraternel. J'avais droit à tout : aux secrets, aux confidences, aux pleurs, aux colères… Aujourd'hui, les liens persistent (même si on ne se voit pas tous les jours), on a fabriqué une espèce de famille – avec nos enfants aussi.

Donc, je dis toujours qu'on doit notre entrée au Conservatoire à ces deux hommes, très impliqués politiquement et désireux de travailler avec des jeunes qui arrivaient avec un autre *background*, un autre vécu, d'autres images en tête.

Les fondements de ton apprentissage viennent donc de ces deux hommes, qui t'ont enseigné l'art du théâtre pendant trois ans.

Complètement. D'abord ils m'ont acceptée telle que j'étais, ensuite ils m'ont appris beaucoup. Et avec Marcel, cette espèce de rencontre incroyable a fait qu'il est devenu mon père spirituel. Quand je lui racontais mon histoire de gamine devant la télévision, ça le faisait rire. Il est mort en octobre 2021. Danièle Lebrun, son épouse, nous a demandé, à Jean-Pierre

Darroussin, Robert Guédiguian, Catherine Frot et à moi, de parler à l'enterrement. Catherine fait partie de la bande aussi, elle est entrée en même temps que nous.

Donc, j'entre dans cette maison, le Conservatoire, et je suis très heureuse, c'est un peu une époque bénie. Les professeurs sont inouïs : Antoine Vitez, Marcel Bluwal, Pierre Debauche, Jean-Paul Roussillon... mais pas une femme au demeurant, sauf la professeure de danse ! Avant d'être dans la classe de Marcel Bluwal, j'étais dans celle du comédien Robert Manuel, avec qui je ne m'entendais pas du tout. Un jour, il a dit devant nous à Catherine Frot : « Toi, tu me payes la chambre, je te suis. » Je n'ai absolument pas accepté cette phrase. C'était de l'humour, peut-être, mais, quitte à paraître un peu prude, il était hors de question pour moi qu'un homme nous parle comme ça. Alors j'ai commencé à faire la grève : je venais au cours, mais je n'entrais pas dans la classe, je m'asseyais sur les bancs en velours rouge qu'il y a devant les portes. Petit à petit, mes camarades sont venus s'asseoir à côté de moi. J'ai été convoquée. On m'a menacée de me renvoyer. J'ai tenu bon. Il y avait déjà des filles qui s'énervaient à cette époque, j'en faisais partie.

Catherine Frot t'a suivie ?

Oui, au fur et à mesure, tout le monde s'est mis en grève. En tant que première année, on s'était retrouvés avec des professeurs dont l'enseignement ne correspondait pas du tout à ce qu'on attendait. Pour réévaluer notre niveau et vérifier si on avait progressé ou non depuis la rentrée, le directeur, Jacques Rosner (décédé il y a peu, un homme que j'aimais beaucoup), nous a fait repasser un examen en décembre. On était tellement dépités qu'on a tous été nuls ! On aurait voulu être plus mauvais, on n'y serait pas arrivés !

Quand on est revenus après les vacances de Noël, les classes avaient été complètement refaites et les professeurs comme Robert Manuel avaient été nommés professeurs honoraires. On s'est donc retrouvés avec les professeurs avec lesquels on avait envie de travailler et, surtout, on avait le droit de circuler d'une classe à l'autre, ce que je trouve formidable. On accomplissait deux fois plus de travail parce qu'on travaillait des scènes dans un cours et dans l'autre, mais on se familiarisait avec l'approche théâtrale de chacun. Il ne faut pas oublier que ces profs étaient tous metteurs en scène : Pierre Debauche avait créé les Amandiers à Nanterre, Jean-Paul Roussillon était un super acteur de la Comédie-Française et faisait aussi des mises en scène, Marcel Bluwal tournait pour la télévision et avait réalisé ce fameux *Dom Juan** avec Michel Piccoli ; et je ne te parle pas d'Antoine Vitez, qui, à ce moment-là, était vraiment la figure de proue du théâtre français.

---

* *Dom Juan ou le Festin de Pierre*, téléfilm avec Michel Piccoli et Claude Brasseur diffusé en 1965.

Pour moi, ces années au Conservatoire ont été très importantes : elles ont été un temps de formation, de découvertes, de discussions, de réflexion. Et puis j'ai rencontré dans cette promotion des personnes avec qui je travaille encore et avec qui je suis très liée : Jean-Pierre Darroussin, qui joue dans tous les films de Guédiguian bien sûr, mais pas que lui. Le Conservatoire, c'est le ciment de mon métier.

La création du théâtre d'appartement

À cette même époque, en 1978, ton frère Pierre t'embarque dans un projet innovant. Comment est née cette idée ?

Mon frère m'a proposé de participer à un concept, nouveau en France – faire du théâtre d'appartement –, et c'est comme cela que nous sommes entrés un jour dans le *Dictionnaire encyclopédique du théâtre**. Cette expérience a été aussi extrêmement formatrice. Dans ces années, le théâtre français était très imprégné de ce qu'on appelait le « théâtre du quotidien », qui venait du théâtre allemand, des auteurs comme Kroetz**

---

* Michel Corvin, *Dictionnaire encyclopédique du théâtre*, Bordas, 1995.

** Franz Xaver Kroetz, né en 1946, est un dramaturge et metteur en scène allemand, très connu dans les années 1970 pour son théâtre social sur les « sous-privilégiés ». Certaines de ses pièces, dont *Travail à domicile*, sont publiées en français chez L'Arche.

en particulier. Quand tu entrais dans les théâtres, tu retrouvais sur le plateau des reconstitutions de cuisines ou d'appartements dans des décors complètement naturalistes. Mon frère s'est dit : « Pourquoi ne ferait-on pas l'inverse : et si le théâtre allait chez les gens ? » Il a donc monté un projet avec la maison de la culture de Bobigny, la MC 93. L'idée était d'aller chercher les gens dans leur salon pour leur donner envie d'aller au théâtre. Ceux qui accueillaient le spectacle chez eux, et qui s'engageaient à faire venir leurs voisins et leurs amis, bénéficiaient ensuite d'un abonnement à la MC 93. Le spectacle, monté à partir de nouvelles d'Italo Calvino, s'appelait *Aventures*. On jouait sur une surface de 2,50 mètres sur 2 mètres, la plupart du temps dans la salle de séjour, devant la télévision ! Nous ne connaissions pas les gens chez qui nous allions. Un médiateur de la maison de la culture de Bobigny visitait les appartements candidats et nous faisait un plan de la pièce dans laquelle on allait entrer. On avait besoin de savoir où était située la prise de courant, qui devait être près de l'endroit où on allait jouer. Le spectacle commençait à partir du moment où on sonnait à la porte. Nous étions costumés – des costumes des années 50 (puisque les nouvelles se passaient dans les années 50) – et nous avions deux valises chacun. On a travaillé avec un décorateur très ingénieux, Michel Vandestien, et un technicien. Le technicien avait trafiqué un vieux poste de radio. Il l'avait vidé et avait intégré à la place une radiocassette : quand j'appuyais sur les touches, je lançais la musique. Mon frère avait trouvé une espèce de trépied d'un ancien photographe d'où sortaient deux grands projecteurs qu'il installait au milieu des gens dès qu'on arrivait. Après, on entrait sur notre espace, le public assis en face de nous. J'ai gardé des photos de ce spectacle.

Vous n'étiez que ton frère et toi ?

On n'était que tous les deux. Mon frère sortait des accessoires de ses valises. Pendant l'été, on avait tourné un court métrage : sur la dernière nouvelle, un projecteur sortait d'une des valises et on projetait le film sur une autre valise, beaucoup plus claire, qui servait d'écran. C'est certainement l'un des spectacles les plus ingénieux que j'aie fait de ma vie. C'était absolument magnifique ! Il a connu un succès incroyable. On a tourné dans les tours de Bobigny – parce que c'était le principe, jouer dans les HLM – et le spectacle a commencé à faire parler de lui. Les journalistes ont voulu le voir et, à leur suite, tous les critiques de théâtre. Mais il était hors de question qu'on dise aux gens qui nous recevaient que c'étaient des journalistes. La MC 93 les présentait comme d'autres médiateurs. À cette époque, il n'y avait pas de portable, la personne qui avait visité l'appartement montait cinq minutes avant nous, et c'était à la montre. On attendait cinq minutes, on montait, on sonnait, et ça commençait.

J'avais 20 ans, je m'éclatais : je voyais de grands critiques de théâtre français dont tout le monde avait peur, perdus au milieu de ces gens et de ces enfants… Parce que, à la fin du spectacle, on ne nous lâchait pas comme ça, on nous offrait un goûter ou un buffet, on n'arrivait jamais à partir ! J'ai vu la critique du *Figaro*, assise sur un canapé, qui se faisait sauter dessus par des gamins du quartier et qui n'osait rien dire ! C'étaient de grands moments de rigolade. On a eu des papiers magnifiques. Et on a joué longtemps, pratiquement une saison entière. L'année d'après, on est partis en tournée, on aurait pu jouer *Aventures* pendant vingt ans.

À partir de là, beaucoup de gens se sont mis à proposer du théâtre d'appartement, mais la grande différence, c'est qu'ils le faisaient parce qu'ils ne trouvaient pas d'autre lieu pour jouer. Nous, au contraire, nous voulions qu'après notre passage chez eux les gens aillent au théâtre. Notre motivation était aussi de vivre une nouvelle expérience professionnelle : on voulait éprouver ce que ça provoquait en nous, acteurs de théâtre, d'entrer dans un lieu du quotidien. Et on a découvert à quel point le théâtre est extrêmement fort : au bout de cinq minutes, les gens avaient oublié qu'ils étaient dans leur salle de séjour. Quand le spectacle était fini, ils disaient : « Oh là là, ça va faire tout drôle demain ! » En partant, on faisait cadeau à chaque spectateur d'une petite boîte en carton qui contenait une phrase, une lettre ou autre. Chacun gardait son souvenir et un peu de poudre magique. C'était un spectacle extrêmement bien pensé.

Pourquoi vous étiez-vous lancés sur les nouvelles d'Italo Calvino ?

Les nouvelles de Calvino racontent des événements anodins à première vue mais qui, si on y prête attention, peuvent être vécus comme des tragédies ou des moments très forts. Par exemple, un homme fait son service militaire dans le sud de l'Italie et remonte en train jusqu'à Rome pour aller voir sa fiancée. On assiste à son trajet de nuit : ce qu'il vit, ce qu'il observe… Une dame, qu'il trouve jolie, est assise à côté de lui. Il essaie de voir si elle le sent ou pas s'il bouge son doigt pour la toucher, etc., et quand il arrive à Rome, il sait déjà que son temps est compté, qu'il va devoir repartir. Ces histoires sont complètement minimalistes mais provoquent un ressenti maximum. Quand tu fais un spectacle à domicile, tu peux jouer ces détails, tout le monde les voit, donc ces nouvelles correspondaient au côté intimiste de l'exercice. Et je tiens à signaler qu'Italo Calvino, qui à ce moment-là vivait à Paris, nous a donné les droits ! Un jour, on est même allés jouer chez lui, c'était rigolo, il ne se rappelait plus comment se terminait l'une de ses propres nouvelles !

Cette expérience a été très importante pour moi. Je pense – et ça, j'ai vraiment envie de le dire – que dans ma promo tous les jeunes élèves du Conservatoire aspiraient à ce théâtre social, engagé. On avait tous envie d'être connus aussi, mais ce n'était pas fondamental – je dirais que c'était parallèle. On avait envie de faire une carrière, mais on en parlait beaucoup moins que maintenant, c'était moins libéré, on était un peu honteux de le dire. Le plus important, c'est qu'on voulait faire du théâtre, et qu'on voulait faire un théâtre qui pouvait avoir une action sur la société.

Des années engagées

Tu veux dire que cet engagement était collectif autant que personnel ?

Oui, il y a eu un temps au Conservatoire où les élèves n'avaient pas envie de jouer n'importe quoi. Aucun élève ne serait allé jouer aux Boulevards, par exemple ! C'était une honte, plus personne ne t'aurait parlé. On était des « purs et durs ». C'était un peu trop même ! Aujourd'hui, là où le bât blesse, c'est que les jeunes actrices et les jeunes acteurs sont – je ne dis pas toutes ou tous, attention, mais pour beaucoup – dans la reconnaissance à travers la représentation. Ils ont d'abord envie d'avoir la fonction d'acteur, avant d'avoir envie de raconter aux gens des histoires qui peuvent les émouvoir, bien sûr, mais aussi les faire réfléchir sur les temps dans lesquels ils sont en train de vivre.

Certaines jeunes compagnies font un vrai travail pour lequel j'ai beaucoup de respect et d'admiration, comme la compagnie L'Avantage du doute, par exemple. Ce métier est encore plus difficile que quand j'ai commencé. Aujourd'hui, on leur demande du rendement, très vite. Il faut qu'il y ait du monde dans les salles tout de suite, ce qui n'est pas évident. Et il leur faut, encore plus qu'avant, présenter des têtes d'affiche, même de « petites têtes d'affiche » : il faut des noms. Avant, cette obligation était réservée au théâtre privé. Elle crée un double problème : un, elle fausse la donne, car ce n'est pas « équitable » ; deux, cela produit des spectacles plus chers puisqu'il faut bien payer les têtes d'affiche qui vont faire venir des gens dans la salle.

Je crois qu'il est vraiment temps que l'on recommence à penser ce qu'est ce métier. C'est fondamental ! Pourquoi existe-t-il ? Ce métier est une soupape pour une société. Le théâtre n'est pas qu'un divertissement, c'est une possibilité de faire tenir debout une société. Quand tu remontes aux tragédies antiques, la catharsis* est un mécanisme très important : cela permet de réfléchir, de s'aérer, d'oublier certains événements terribles, ou de revoir ces événements terribles sous un autre angle. Une proposition théâtrale, c'est une proposition presque « existentielle », je dirais, avec des guillemets.

* La catharsis produit, face à une tragédie, une action purificatrice, libératrice, de nos émotions excessives.

La catharsis permet aussi de vivre ces émotions collectivement, de les partager.

Oui, un spectacle de théâtre se vit avec les autres ! C'est pour ça que, pour moi, les plateformes où tu regardes des séries tout seul chez toi sur ton écran, c'est grave. Si tu ne vas plus au cinéma, c'est grave. C'est très important de partager des émotions. Le seul endroit où on les partage encore aujourd'hui, c'est dans les stades de foot. Et je conseille à tout jeune acteur, à toute jeune actrice, d'aller voir un match de foot. Je n'aime pas le foot, mais il faut avoir vu un match. Ça fait énormément réfléchir. Comme je n'arrête pas de dire que je ne comprends rien au foot, un jour l'OM m'a invitée. Je suis donc allée au fameux stade Vélodrome de l'OM. Et là, je me suis pris une très grande claque. Je me suis dit : « Mais quand est-ce que je pourrais voir un Shakespeare avec un public qui participe comme ça ? »

Jouer pour les jeunes : l'expérience Didier Bezace

Comme contre-exemple à cela, j'ai de très beaux souvenirs avec Didier Bezace, lorsqu'il était directeur du Théâtre de la Commune à Aubervilliers. Didier avait toujours *la* bonne idée : il faisait venir tous les soirs deux classes dans la salle. En 2006, on avait repris le spectacle de Dario Fo, *La Maman bohème* suivi de *Médée* (textes que Fo avait retravaillés lui-même et qu'il avait mis en scène avec sa femme, Franca Rame, dans le rôle de Médée). À cette occasion, je me rappelle l'émotion de toutes jeunes filles d'Aubervilliers ou de Saint-Denis, qui étaient venues me voir dans ma loge après le spectacle. L'une d'elles, en larmes, m'avait dit : « Mais Médée, ce que vous avez montré, c'est ma mère ! » C'est ça, le théâtre. C'est, à un moment donné, faire en sorte qu'un gamin ou une gamine qui vient de ce qu'on appelle des « zones défavorisées » ou des cités se reconnaisse dans ce qu'il ou elle est en train de voir sur un plateau. C'est à prendre en compte, il faut réfléchir à ça quand tu as envie de faire ce métier. Ou bien tu me dis : « Moi je veux être une star, je vais faire une carrière individualiste, je veux que mon nom soit écrit en très gros sur l'affiche. » OK, si tu as la franchise d'assumer, je n'ai rien à dire. Mais, selon moi, c'est un peu réducteur. Tu vas t'empêcher de vivre des émotions qui, à mon sens, peuvent être parfois beaucoup plus intenses face à un public, surtout s'il n'est pas habitué à aller au théâtre. Tu ne sais pas comment ce que tu donnes va être reçu, mais parfois cette réception est énorme. À ce moment-là, c'est fugitif, cela dure très peu de temps, trente secondes… mais c'est un moment magique où tu es en accord total avec toi-même.

Et le cinéma ?

Malgré cette envie fondamentale de théâtre, pensais-tu déjà au cinéma ?

Ce qu'il faut dire d'abord, c'est que, vers la fin des années 70, ce n'était encore pas très bien vu de vouloir devenir acteur ou actrice. Il n'y avait pas autant de jeunes gens qui avaient envie de faire ce métier. Et en plus, pour les filles planait encore une connotation péjorative, pour ne pas dire de « pute ». En quarante ans, ça a bougé.

Mais moi, avant d'entrer au Conservatoire, j'avais déjà tourné dans un film de René Féret, le réalisateur d'*Histoire de Paul* dont j'ai déjà parlé. Il avait enchaîné en 1977 avec *La Communion solennelle*, un film très choral, une espèce de saga sur des gens du Nord. L'histoire démarrait au début du XXe siècle et remontait jusque dans les années 70. Il avait engagé tous ses copains du théâtre public, et moi, parce qu'il me connaissait par mon frère. À ce moment-là, je faisais des études de sociologie à la Sorbonne et il m'avait demandé de réaliser un travail de recherche sur la vie quotidienne des mineurs dans le Nord. Il n'avait pas d'argent pour me payer, alors il m'a proposé de jouer dans son film. Il était sûr que je devais être comédienne, moi, j'étais encore traversée par des doutes. J'ai donc accepté et j'ai vécu une grosse épreuve. Je ne connaissais rien au cinéma : le premier jour de tournage, j'ai subi ma première humiliation professionnelle. Je ne savais pas comment on devait marcher en regardant la caméra sans se prendre les pieds dans les rails du travelling. On me l'a fait payer devant tout le monde.

Le réalisateur t'avait confié un grand rôle ?

Pas un grand rôle, mais un vrai rôle. Le hasard a fait que ce film a été sélectionné en compétition à Cannes ! Et, à cette époque (c'est donc avant que j'entre au Conservatoire), tous les acteurs du film étaient invités. C'était formidable, on est descendus en bus, et on a tous monté les marches de Cannes en chantant « Bella ciao ». Tu imagines aujourd'hui une équipe qui monterait les marches de Cannes en chantant « Bella ciao » ?

Tu vois comment la société a énormément changé. À la fin des années 70, la contre-culture était très forte et s'exprimait particulièrement au théâtre et au cinéma. Tout le monde adore les années 80, mais moi je soutiens que les années 80 sont une horreur ! Elles ont tout tué ! Ce sont des années qui ont mis en place le capitalisme, et surtout cet individualisme dans lequel nous sommes aujourd'hui profondément ancrés. Et je commence à sentir que les jeunes gens qui ont 20 ans aujourd'hui, ou moins de 20 ans, en ont vraiment marre. J'espère qu'ils vont essayer – ils sont en train pour certains – de faire bouger ça, vraiment très fort.

Cette expérience difficile ne t'a pas éloignée du cinéma ?

Non. Mais je me dis que mon expression est avant tout dans le théâtre. En plus, je savais parfaitement que je n'avais pas un physique à la mode pour le cinéma. Car le cinéma est une industrie, beaucoup plus que le théâtre.

Le JTN (Jeune Théâtre national)

Que se passe-t-il pour toi après ces *Aventures* incroyables vécues avec ton frère ?

Après *Aventures*, je sors du Conservatoire et je suis engagée au Jeune Théâtre national*. J'y joue pendant une année. Et puis Robert Guédiguian écrit un film. On n'a pas de sous, il dépose son scénario au CNC**. Personne ne le connaît, et

---

* Le Jeune Théâtre national (JTN) accompagne pendant trois ans les artistes issu·e·s des deux écoles nationales d'art dramatique : le Conservatoire de Paris et le Théâtre national de Strasbourg (TNS).

** Le Centre national du cinéma est une commission qui attribue de l'argent à des réalisateurs sur seule lecture de leur scénario.

pour cause – il n'a jamais rien fait –, et il obtient l'avance sur recettes. Ça ne pourrait absolument plus arriver aujourd'hui. Nous avons donc tourné ce film, *Dernier Été*, en 1981, simplement avec l'argent de l'avance sur recettes, les copains de quartier de Robert, et moi qui sortais du Conservatoire. On avait tous environ 25 ans, et ce film a été sélectionné à Cannes, à ce qui s'appelle maintenant la « Semaine de la critique » et qui s'appelait à ce moment-là « Perspectives du cinéma français ».

À partir de là, j'ai alterné théâtre et cinéma, mais non sans difficultés. J'ai connu des moments où je ne travaillais pas du tout. J'ai entendu toute ma vie que j'étais une « bonne comédienne, mais atypique ». On ne savait jamais où me ranger. On ne pouvait pas me faire jouer les jeunes premières parce que je n'avais ni les yeux bleus ni les cheveux blonds et longs, et je ne mesurais pas 1m70. En somme, je n'étais pas Brigitte Bardot. On ne pouvait pas non plus me donner de tout petits rôles parce que j'avais une personnalité trop forte. C'était donc compliqué. J'ai quand même pas mal travaillé dans le théâtre public, avec Pierre Debauche entre autres. Mais je ne pouvais pas intéresser Chéreau pendant sa période « tumultueuse ». Je l'ai découvert après, quand il s'était adouci, et je l'ai vraiment beaucoup aimé.

L'audition avec *il Maestro* : Giorgio Strehler*

Cette position atypique t'inquiétait ou tu avais confiance ?

Tu plaisantes ? Ça m'inquiétait terriblement. D'abord, il m'est arrivé un épisode terrible. En 1986, Giorgio Strehler monte à Paris *L'Opéra de quat'sous*. Comme je chante, tout le monde me conseille de me présenter à l'audition. À ce moment-là, Strehler dirige le Théâtre de l'Odéon – qui s'appelait Théâtre de l'Europe. Je finis par y aller. Je passe la première audition de chant avec ses assistants. Impeccable. On me fait revenir une deuxième fois. Parfait. On me dit qu'il faut que je rencontre le maître. *Il Maestro !* J'avais vu tous ses spectacles, et je maintiens encore aujourd'hui que j'adore son travail et ses écrits. J'y pense souvent, ils me portent. Donc, un jour, mon téléphone sonne, c'est l'un des assistants de Strehler qui me demande d'apprendre deux textes pour passer l'audition avec *il Maestro*. C'était tellement fou, tellement incroyable pour moi, venant d'où je viens, de me retrouver à passer une audition avec Strehler. Je me rappelle tout avec précision. Dans le métro, je me répétais : « J'ai peur, j'ai peur, j'ai

* Giorgio Strehler (1921-1997), italien, a été l'un des metteurs en scène les plus célèbres d'Europe.

peur. » Et d'un coup il s'est passé un truc, je me suis dit : « Ça ne sert à rien d'avoir peur. Tu vas vivre un moment incroyable que tu pourras raconter quand tu seras vieille. Alors, vis-le et n'aie pas peur. » J'arrive à l'Odéon. On me fait entrer dans la grande salle et monter sur le plateau. C'était vraiment très beau. On pourrait en faire un court métrage. La servante* était posée là, les fauteuils de l'Odéon étaient recouverts de draps blancs. Tout le monde attendait *il Maestro* (il devait terroriser son équipe, en fait). Arrive ce petit monsieur aux cheveux longs, blancs, bien coiffé, avec du fond de teint sur le visage ! Il marche très vite et demande : « Alors, on y va ? On y va ? Qu'est-ce que c'est, tout ça ? » Et, d'un geste, il soulève les draps qui recouvraient les fauteuils. Je vois une tache rouge, ces fauteuils qui apparaissent, il s'assied et me lance : « Vas-y ! » Et moi, sur ce beau plateau de l'Odéon, je n'avais même pas peur. Je me disais : « C'est incroyable ce que je suis en train de vivre. » Au bout de même pas deux minutes, il m'arrête : « Ça va. » Il se lève, vient se coller contre le plateau et me dit : « Viens voir. » Je me baisse, et il me demande : « Mais d'où tu sors ? » Moi : « J'ai fait le Conservatoire. » « Non mais d'où tu sors ? Tu n'es pas française. Les comédiennes françaises n'ont pas ton humanité. Je veux travailler avec toi. » Je lui

---

* Petite lumière qui reste toujours allumée dans les théâtres pour veiller sur le lieu lorsqu'il est désert.

réponds : « *Maestro*, je ne sais pas si vous mesurez ce que vous êtes en train de me dire. Moi, je ne suis personne, j'ai vu tous vos spectacles et je rêve de travailler avec vous. Alors faites attention à ce que vous me dites. » Et il enchaîne : « Non, non, je travaille avec toi. » Demi-tour et il s'en va. Je descends du plateau, je sors du théâtre – je devais être à ça du sol [*geste*] – et je ne pouvais absolument pas revenir dans la réalité. Dans le cinéma d'à côté, qui n'existe plus aujourd'hui, ils projetaient *Chorus Line*. Je n'oublierai jamais ce moment : je me suis assise dans la salle et j'ai regardé *Chorus Line* en lévitation !

L'équipe de Strehler m'avait dit qu'on me donnerait des nouvelles. Le temps passe, passe, et rien. Un jour, je me permets d'appeler l'assistant, qui m'explique que la décision n'est pas encore prise. Et puis le 1er mai, je m'en rappellerai toute ma vie, l'assistant m'appelle : « Écoutez Ariane, finalement, vous ne travaillerez pas avec le *Maestro*, parce que vous n'êtes pas son fantasme sexuel. » Cette phrase lapidaire m'était incompréhensible et sa violence m'a détruite. Chaque créateur a son esthétique propre, je ne convenais pas à la sienne, mais cela n'empêche pas le choc profond de se sentir rejetée. J'ai eu un réflexe de survie, j'ai pris un papier et un crayon, et je lui ai écrit. Je lui disais : « Je ne suis personne, mais vous n'avez pas le droit de me traiter comme ça. Qui vous donne ce droit ? » C'était horrible !

Cette lettre m'a permis de reprendre mon souffle. Je n'ai jamais eu de réponse, mais avoir réussi à manifester mon ressenti m'a évité l'ulcère !

Comment t'es-tu remise de cette épreuve ?

Il m'a fallu deux mois pour m'en remettre, deux mois où je suis restée recroquevillée sur mon canapé en pensant qu'il n'y aurait jamais de place pour moi. C'est aussi ça, la vie d'actrice. Je ne connais pas une comédienne à qui il n'est pas arrivé un épisode comme celui-là. C'est pour cela que je dis qu'il faut être très courageuse. Bien dormir, avoir de vrais amis. Et une famille aussi, quand c'est possible.

Une grande rencontre : Claude Sautet

À partir de 1981, Robert Guédiguian, devenu ton mari, enchaîne les longs métrages dans lesquels tu tiens toujours une place de choix. En 1997 arrive *Marius et Jeannette*.

Avant *Marius et Jeannette*, on a tourné six films avec Robert, dont le dernier en 1995, *À la vie, à la mort*. Je veux raconter cet épisode parce qu'il est important.

C'était pendant les grandes grèves de 1995 (un moment de ma vie que j'ai adoré : on ne pouvait plus circuler, les gens s'aidaient, montaient dans les voitures pour un bout de chemin, c'était quand même très beau). Avec ce film, Robert est nommé pour le prix Louis-Delluc. On met deux heures et demie en partant de la maison pour arriver au Fouquet's. Nous, comme d'habitude, en bons provinciaux, on était présents, tandis que les autres réalisateurs n'avaient pas fait le déplacement. Le prix Delluc est annoncé, et c'est Claude Sautet qui l'obtient pour *Nelly et Monsieur Arnaud*. Alors on remonte dans notre voiture, on refait deux heures et demie d'embouteillages dans l'autre sens... Évidemment, on était déçus. On écoutait la radio, c'était le journal de 13 heures, Claude Sautet est interviewé parce qu'il vient de recevoir le prix Louis-Delluc et on l'entend dire : « Je suis content, merci beaucoup, mais ce n'est pas moi qui devrais recevoir ce prix, c'est Robert Guédiguian pour *À la vie, à la mort.* » Pour moi, ce moment est inoubliable. In-ou-bli-able. Il l'a répété dans plusieurs interviews, et après, il nous a invités.

Claude Sautet, c'est une grande rencontre dans ma vie. Quand j'ai donné des cours aux jeunes élèves du Conservatoire, j'ai été désespérée car ils ne le connaissaient pas. Là, ça y est, on recommence à le découvrir un peu. C'est tout de même embêtant que les élèves de première année au Conservatoire ne connaissent pas Michel Piccoli, Yves Montand, Serge Reggiani ou Simone Signoret...

Si tu ne connais pas ce que d'autres ont fait avant toi, comment peux-tu savoir ce que tu veux faire, toi ? Il faut se construire une culture : travailler, regarder des films, lire des pièces, aller au théâtre. Et puis il faut s'informer. Aujourd'hui, avec les réseaux, tu peux tout savoir ! On est dans des temps où tout est séquencé, les choses passent, se jettent, tout est « kleenexé », je dirais, alors les jeunes gens manquent de curiosité. Nous, nous pensions sur le long terme, nous savions qu'avant nous il y avait eu des talents, et quand on ne connaissait pas, on cherchait.

Marius et Jeannette : un tournant

Après, Robert écrit le scénario de *Marius et Jeannette* avec Jean-Louis Milesi. Au départ, ce film devait être réalisé pour Arte. On l'a tourné en cinq semaines, avec très peu de technique : la petite courette appartenait à la maison du directeur de production, les escaliers, les petites maisons qu'on voit sont des espèces de débarras – depuis, elles sont devenues de vraies maisons. Et de l'autre côté, où Justin habite, c'était en fait l'escalier qui monte au premier étage de sa propre maison. On a filmé tout dans cette cour. Parfois, on attendait que la lumière soit meilleure, et on jouait aux boules dans la cimenterie. Robert tourne toujours dans des endroits qui, après, disparaissent. En fait, ses films sont aussi des archives. Après le tournage, Pierre Chevalier, un monsieur extraordinaire, responsable de l'unité Fiction d'Arte, vient voir le film sur la table de montage. Il dit à Robert : « Ce film ne peut pas rester pour la télévision, il faut qu'il devienne un film de cinéma. » À cette époque, ça ne se faisait pas du tout de basculer un film télé au cinéma, et les gens de cinéma ne voulaient pas créer un précédent avec Robert. Donc ça a été une bataille ! Il a fallu rembourser l'argent qu'avait donné la chaîne, etc., une vraie galère qui a duré deux mois !

Et nous sommes sélectionnés à Cannes. On fait l'ouverture d'« Un certain regard ». La dernière fois qu'on était allés à Cannes, c'était en 1985, avec *Rouge midi*. On avait vécu l'enfer : des spectateurs qui claquaient les fauteuils pendant la projection, qui se foutaient de nous haut et fort. On n'est plus confronté à ça maintenant, le public est devenu plus policé, mais on avait assisté à une projection horrible. Donc je suis arrivée à Cannes terrorisée. Le film avait déjà été présenté à certains journalistes. On nous a prévenus : « Attention, ça marche, les gens sont fous ! » Je commence à me demander ce qu'il se passe. En plus, je ne savais pas ce que j'allais me mettre, je m'étais acheté deux pantalons, je me rappelle, mais je n'étais pas du tout habillée comme il faut pour Cannes. Aujourd'hui, j'ai les codes, mais à ce moment-là... Je n'étais donc pas bien, pas à l'aise du tout.

On arrive à la projection publique, on fait monter l'équipe sur le plateau avant le début du film, Robert nous présente, et puis normalement c'est fini. On redescend, on va dans un café en face du Palais en attendant la fin de la projection pour observer le public quand il sortira. Et, d'un coup, on voit débouler le type qui nous avait présentés sur scène. Il traverse la Croisette, vient vers nous au café et nous lance : « Revenez, revenez ! C'est incroyable ce qu'il se passe ! Il faut que vous remontiez sur scène ! » Donc on retraverse le Palais, on entre à nouveau et on se retrouve dans le sas avant les portes de la salle. Là on entend le public qui hurle de rire, qui applaudit… C'était dingue. Dingue ! Le film se finit, le type nous pousse et nous somme de remonter sur le plateau. Ça a duré vingt minutes. Avec des gens qui criaient : « On vous aime ! », « Bravo ! » C'était fou ! Fou ! Avec Guédiguian qui me disait à l'oreille : « Ne pleure pas, surtout ne pleure pas. » Et, en l'espace d'une projection, ma vie a changé.

Après, c'est Cannes, tout s'enchaîne : quelqu'un nous a emmenés au Carlton pour la remise de la Légion d'honneur de Robert De Niro, Pedro Almodóvar, André Téchiné. À l'entrée, l'un des physionomistes me dit : « Bonjour, madame Ascaride. » Je n'étais jamais allée au Carlton, je ne savais même pas où c'était. On entre, et on me présente Robert De Niro. J'étais incapable de dire un mot. Je n'arrivais même pas à dire « Bonjour ». Et on a été projetés dans ce monde avec Robert. Lui est plus introverti, tu as l'impression que rien ne tremble en lui. Moi, j'étais un lapin apeuré sous les phares d'une voiture. Pendant trois jours, on a été les chouchous de Cannes. C'était dément : photos, reportages, etc. Le film a fait trois millions d'entrées, j'ai enchaîné avec le César de la meilleure actrice, et tout s'est emballé.

Ce succès phénoménal t'a offert la liberté de pouvoir choisir tes rôles. Qu'est-ce qui est devenu prioritaire pour toi ?

Après ce succès, j'ai pu faire mes choix autrement, oui. Mais ces choix ont toujours porté sur le sens, sur le scénario. Cela dit, je n'ai jamais été Sophie Marceau non plus : même si je suis devenue connue, les scénarios ne me sont pas tous tombés dessus en cascade. Parce que je suis qui je suis.

L'acteur, l'actrice sont citoyen·nes

Les réalisateurs considéraient que tu étais l'« actrice de Guédiguian » ? Ils n'osaient pas venir te débaucher ?

Il y a eu de ça, oui. Il a fallu convaincre que je pouvais aussi travailler avec d'autres équipes. Et puis, surtout, dès que j'ai commencé à répondre à des interviews… tu vois comment je parle : j'ai toujours fait peur. Et je continue à faire peur ! Tout simplement parce que je m'exprime, ce que ne font pas tant d'actrices, en France tout du moins.

La phrase que je ne supporte pas, c'est : « Ah non, moi je ne suis qu'un acteur, je n'ai rien à dire, je m'exprime dans mon art. » Tu es acteur, peut-être, mais tu restes citoyen, non ? Ou tu vis en dehors du monde ? De la société ? Et c'est quoi, ton art ? Ton art, c'est de raconter le monde dans lequel tu vis. Si tu ne sais pas ce qui se passe dans le monde, qu'est-ce que tu veux raconter ? Comment peux-tu être vrai, sincère, crédible ? Antoine Vitez lisait le journal tous les jours. Si je ne lis pas le journal, je peux effectivement être dans une espèce de nombrilisme, mais quel ennui ! Moi, je m'ennuie, seule, j'ai besoin de partager des expériences avec les gens, d'échanger. « De quel droit je parlerais ? » Mais tu as le droit de celui qui vote, ton droit de citoyen. J'ai le droit de m'exprimer, je ne suis pas un être éthéré.

Bien sûr, comédien·nes ou non, nous sommes toutes et tous relié·es à la cité.

Mais complètement ! À un point, c'est inimaginable ! En vieillissant, j'aurais même tendance à gérer les gens dans le métro quand je suis témoin de situations pas normales : il faut que je me retienne pour ne pas passer pour une folle ! En général, personne n'intervient, pour éviter les problèmes. Ce n'est pas drôle de gérer les problèmes, je le reconnais, mais à certains moments… Disons que je garde toujours à l'esprit que des gens sont morts pour que je puisse te parler tranquillement ce matin et parler comme je veux.

Une expérience de scénariste

Pour revenir à ton parcours, j'aimerais que l'on s'attarde sur *Le Voyage en Arménie* : sur ce film, tu endosses une nouvelle casquette, celle de coscénariste.

En 2000, l'association la Jeunesse arménienne de France (JAF) poursuit Robert pour qu'il vienne inaugurer à Erevan l'unique salle de cinéma qui venait d'être rénovée par des Arméniens de la diaspora. Ils voulaient rouvrir avec une rétrospective de Guédiguian. Or la mère de Robert était allemande, donc la culture d'enfance de Robert est totalement allemande. Il a un nom arménien, mais son père ne lui a pas transmis la culture arménienne parce qu'il était en rupture de ban avec sa famille. Robert ne voyait pas ce qu'il irait faire en Arménie. Mais la JAF a été tellement insistante qu'il a commencé à y réfléchir. Et puis, finalement, il a décidé qu'il irait si j'y allais avec lui. Il a fait ce qu'on appelle dans mon pays le « travail du tambour de Cassis », c'est-à-dire qu'il n'a pas arrêté de taper sur le tambour jusqu'à ce que je dise : « OK, ça va, je viens ! »

On est partis alors que l'Arménie était devenue une république indépendante depuis tout juste dix ans. Elle avait vécu le tremblement de terre de 1988, des hivers très froids, et je suis tombée amoureuse de ce pays entre l'aéroport et le centre d'Erevan. Un coup de foudre. Les Arméniens sont d'une bonté ! C'est un sentiment dont on ne parle plus jamais en Occident, la *bonté*. Là, j'ai vu ce que c'était. Une bonté dans le regard. Et un accueil ! Tu vas dans un village, tu t'assieds, les gens viennent à toi. Les Arméniens du Caucase ont un abord assez fermé, assez dur. Et puis une femme vient s'asseoir à côté de toi et te demande : « Tu n'as pas mangé ? Reste là, je reviens » et on t'apporte à manger, un café. Au bout d'un moment, on se met à sourire. C'est formidable, ces gens qui ne sourient pas tout de suite mais qui sont dans l'accueil immédiatement ! En France, on sourit beaucoup, mais…

On a donc séjourné là-bas pour la rétrospective, et j'en ai profité pour assister à des cours de théâtre au conservatoire d'Erevan. J'ai reçu un choc, j'avais l'impression d'être au XIXe siècle. On aspirait de la poussière de tous les côtés. Les mômes apprenaient la musique dans des salles glaciales où il fallait refaire les planchers… Pourtant, ils jouaient comme des dieux, les Arméniens sont de grands musiciens. On donnait des espèces de master class dans les universités et, chaque fois, les jeunes gens demandaient à Robert de venir tourner un film chez eux. Pendant ce temps, je le voyais extrêmement troublé de découvrir une partie de ses racines, auxquelles il n'avait jamais pensé.

Deux ans auparavant, j'avais fait un voyage du même ordre avec mes filles : on était parties toutes les trois à Naples et j'avais ressenti ce sentiment assez indicible. Tout à coup, dans cette ville que je ne connaissais pas, je me disais : « Ce n'est pas possible ! C'est la première fois que je viens à Naples, et je me sens à la maison. » Et, effectivement, je voyais que j'avais la même tête que plein de filles que je croisais dans la rue. Ça collait, comme une pièce de puzzle qui se remettait en place. J'observais la même chose chez Robert.

De retour en France, l'envie de tourner un film en Arménie a commencé à s'installer chez lui, mais il n'avait pas d'idée. Au même moment, je pars à Lyon tourner le film *Brodeuses*, où l'on me demande de jouer une Arménienne. Ce sont des espèces de coïncidences. Un soir, je passe par une jolie place où se trouve une superbe cordonnerie. Je m'arrête devant la boutique et je vois le nom, arménien ! Au moment du génocide, après la Première Guerre mondiale, beaucoup d'enfants orphelins ont été récupérés, à qui on a appris des métiers pour qu'ils puissent vite travailler, dont, entre autres, celui de cordonnier. Une réplique m'est venue, une enfant disait à son père : « Mais pourquoi tu repasses tes pyjamas ? » Et il répondait : « Quand on est vieux, on est fripé, alors il faut toujours avoir des vêtements repassés. » Voilà, c'est parti comme ça. J'ai donc téléphoné à Robert, je lui ai dit : « Écoute, je crois que j'ai une idée pour l'Arménie », et j'ai commencé à lui raconter mon histoire. Il m'a répondu : « Écris-le, et si c'est bien, on le tourne. »

Tu as écrit le film avec Marie Desplechin, c'est ça ?

Concernant l'écriture, j'ai beaucoup changé : la preuve, j'ai accepté de publier un livre ! Mais, à cette époque, je me disais que ce n'était pas pour moi. Au même moment, on me demande d'être présidente du Festival international de films de femmes de Créteil. J'accepte, et au sein du jury je rencontre Marie Desplechin. On s'était croisées une fois au Salon du livre jeunesse de Montreuil parce que mes filles avaient lu tous ses livres et qu'elles voulaient se les faire dédicacer. Là, je retrouve Marie, je la regarde, je l'écoute parler, et vraiment, elle me plaisait terriblement. À la fin du festival, je lui ai demandé un rendez-vous, on s'est retrouvées et je lui ai expliqué le projet. Je lui ai dit : « Je ne crois pas que je sache écrire toute seule, est-ce que vous voudriez écrire avec moi ? » Elle a dit oui et on a écrit le scénario ensemble. Une fois que la première version a été écrite, Robert en a remis une couche. C'est comme cela qu'on se retrouve tous les trois au générique de ce scénario.

Ce film a une charge différente, non ?

Il a une charge différente parce que c'est l'histoire du rapport entre une fille et son père. Et que l'acteur qui joue mon père, c'est Marcel Bluwal, mon père spirituel. Marcel est devenu un ami très proche, notre relation n'a jamais été dans la séduction, c'est ce qui était beau. Chaque fois que j'avais un problème, j'allais le voir, je parlais avec lui, il m'apprenait beaucoup. Même quand il était très âgé, je continuais à lui rendre visite. Cela fait un an qu'il est mort, et l'une de ses dernières sorties a été chez moi, ici. Je lui avais fait la surprise d'inviter mes copains de classe. Ce dimanche après-midi a été d'une émotion incroyable. Il avait toute sa tête et ça allait très bien. Quand il est venu tourner en Arménie, il avait déjà 80 ans.

En plus de cette émotion-là, il y a aussi celle du mélange entre ton histoire et celle de Robert. C'est très fort. Le film a connu un beau succès.

Oui, sur ce tournage, tout le monde était à fleur de peau. Et puis, ce pays est tellurique. Le film a très bien marché. J'ai reçu un prix d'interprétation au Festival de Rome, et je suis devenue arménienne pour la diaspora arménienne… De là, un lien très fort s'est créé avec ce pays où je vais régulièrement. Les Arméniens sont tendres avec moi. En ce moment, je me fais beaucoup de soucis, parce que la guerre est repartie et le but de l'Azerbaïdjan, c'est de rayer l'Arménie de la carte. Des tas de jeunes gens sont morts, le pays n'a pas d'argent face à une force qui a accès aux drones et aux nouvelles technologies. Les Arméniens, eux, font la guerre comme en 1914 : ils creusent des trous pour se protéger. J'ai écrit sur mon Facebook un texte sur l'Arménie. C'est compliqué, mais la diaspora arménienne, à mon sens, ne bouge pas assez. Il faut être beaucoup plus virulent. Les pétitions, ce n'est pas suffisant. Tout le monde s'en fout de l'Arménie, c'est un pays tellement petit. Tu as l'Ukraine, tu as les filles à Téhéran qui font des manifs – pour lesquelles j'ai un immense respect, elles ont un courage exemplaire –, mais tu entends parler de l'Arménie ? Et pourtant, ça fait quinze jours que la guerre est repartie… Je voudrais qu'on retourne filmer là-bas. Je suis allée au mois de janvier donner une master class à des jeunes étudiants en théâtre à Erevan, c'était extraordinaire. Je ne sais pas comment expliquer ce lien, il doit venir de mon enfance : les relations en Arménie ressemblent beaucoup à ce que j'ai connu quand j'étais petite. Et puis la famille, les enfants… pour moi, c'est un peu étouffant, mais c'est quelque chose ! Et le quidam arménien vit dans des maisons, des appartements qui ressemblent à ce que j'ai pu connaître quand j'étais enfant. Les rapports entre voisins aussi.

Un grand moment d'émotion : la Mostra de Venise

Je fais un bond en avant. Septembre 2019 : qu'as-tu ressenti à la Mostra de Venise lors de la remise de ton trophée ?

Ce que je vais raconter est un peu honteux.

Quand j'ai lu le scénario de *Gloria Mundi*, j'ai dit à Robert : « Ah non ! J'ai déjà joué ce personnage, la femme de ménage. » Je suis l'actrice qui frotte le mieux du cinéma français ! Cela m'interroge, j'aimerais comprendre : je me suis remise dans cette position dans le dernier film qu'on a tourné au printemps. Donc, pour *Gloria Mundi* je me sentais dans une espèce de décontraction insensée. Je crois que cette décontraction m'a permis de laisser passer des choses… Je n'avais plus rien à prouver. J'étais libre, tout en maîtrisant parfaitement ce qui peut être technique, ce que j'ai appris et intégré au cours de ces longues années. Finalement, la manière dont j'ai travaillé ressemble beaucoup à la manière dont je jouais à 8 ans pour la première fois au théâtre. Mais il m'a fallu une vie de travail pour en arriver là.

Le film est donc sélectionné à Venise. Les Italiens m'aiment bien, ils sont très gentils, ils m'appellent « la Bravissima Ariane » ! Le film passait à la fin du festival, on a décidé avec Robert de rester au cas où. La veille de la remise des prix, on est au restaurant de l'Excelsior, l'hôtel sur le Lido où nous logions et où logeait le jury. Arrive l'un des membres du jury, qui aime beaucoup le travail de Robert. Il vient le voir, lui dit quelque chose à l'oreille et s'en va. Je demande à Robert ce qu'il lui a dit, il me répond : « C'est toi qui l'as. » Sur le moment je n'ai pas compris, je lui demande : « J'ai quoi ? » Il me répond : « Tu as le prix d'interprétation. » On était avec Gérard Meylan, sa femme et l'attachée de presse qui s'occupait de nous en Italie. Il ajoute vite fait : « Mais, tais-toi ! » parce que c'était encore confidentiel. Je me suis levée, je suis allée dans les toilettes, et j'étais perdue entre : c'est vrai ? ce n'est pas vrai ? pleurer, pas pleurer… Je suis revenue, je me suis assise et j'ai recommencé à manger à peu près comme si de rien n'était, avec les autres qui disaient : « C'est formidable ! » Moi, je ne voulais pas en parler, je voulais attendre d'être sûre. Le lendemain, je me rappelle être allée à la Biennale. Je regardais sans voir et je me disais : « Et s'ils ont changé d'avis ? Et si… Et si… Donc, reste tranquille. » Et le soir même ils ont bien prononcé mon nom. Je suis montée sur le plateau et j'ai parlé de l'immigration, des gens qui se noyaient dans la mer. Parce que je savais que les radios et les télévisions italiennes retransmettaient l'événement. Matteo Salvini était au pouvoir… Je l'ai fait contre lui. Quand je suis rentrée en France, mon prix a été annoncé au journal télévisé, mais je n'ai pas été invitée officiellement par le ministre de la Culture. J'étais pourtant une Française qui recevait un prix dans le plus vieux et l'un des plus grands festivals de cinéma du monde. Pourquoi ? Peut-être parce que je donne trop de la voix. C'est comme Guédiguian : il n'a jamais eu un César. Il en aura un posthume. C'est ça, la réalité.

Beaucoup, beaucoup de travail

Je n'ai pas l'esprit de « vengeance », ni de revanche, j'ai juste envie de dire fort qu'il ne faut jamais penser qu'on ne peut pas y arriver si on ne vient pas du bon endroit. Ça requiert plus de travail, de l'excellence même, c'est vrai. Ça requiert une exigence incroyable parce que l'on ne peut s'affirmer que par l'évidence de son travail. Et l'évidence, c'est quand tu vois jouer une actrice ou un acteur et que tu ne peux imaginer personne d'autre dans ce rôle, ce personnage sera toujours pour toi cette actrice ou cet acteur-là. Parvenir à ce résultat, c'est beaucoup, beaucoup de travail.

C'est vrai que c'est difficile, il y a des moments où tu trouves que c'est très injuste, parce que certain·es vont passer devant toi pour d'autres raisons. Ce qu'il faut surtout, c'est tenir, et ce qui te permet de tenir, c'est de savoir tous les matins pourquoi tu veux faire ce métier, et comment tu veux le faire. Il faut avoir cette espèce de concentration… c'est presque sportif.

Ce métier, c'est partir au combat. C'est beaucoup plus compliqué que ce que veulent bien nous montrer les magazines. Même pour les actrices ou acteurs où l'on s'imagine que tout est tracé. Et encore, nous sommes en Europe. Aux États-Unis, où tu es vraiment un pur produit, c'est pire. Ils se fichent de toi à un point… D'ailleurs, ils te transforment. Il faut le dire clairement, car tellement d'acteurs et d'actrices explosent en plein vol ! C'est un métier à risques ! Certains font du saut à l'élastique, moi je suis actrice. Je ne sais pas ce que je vais faire une fois qu'on a clappé et que j'entends : « Action ! » Je me jette. Mais me jeter m'a demandé des années et des années de travail.

C'est pour ça que j'ai fait mon « compliment », comme on dit en italien. Il était destiné à mes grands-parents, mes parents… à tous ces pauvres gens complexés qui ont été traités comme des moins que rien et à qui on a fait sentir qu'ils n'avaient pas les codes pour se débrouiller dans certains endroits du monde. C'est important que des gens comme nous soient là et les représentent. Je suis donc revenue avec la coupe Volpi, du nom du comte Volpi, qui était un grand fasciste, parce que la Mostra a, en fait, commencé pendant le fascisme… Ça ne me plaît qu'à moitié, mais bon.

Où est ta coupe aujourd'hui ?
Que t'a apporté cette coupe Volpi ?

Elle est là ! Regarde. [*Elle trône dans un petit coin du salon.*] Elle mérite un peu de dépoussiérage ! Elle m'a apporté le respect de la profession. Un grand respect. Non pas que je ne l'avais pas avant, mais maintenant, avec l'âge… comme dit Catherine Ringer* : « On devient une espèce de monument. » Et pour moi, c'est double parce que les gens me disent qu'ils ont du respect « et pour la comédienne, et pour la femme ». Cela me fait rigoler : s'ils savaient comme je suis angoissée à l'intérieur… Mais j'agis souvent de manière spontanée, je n'anticipe pas mes réactions. Et puis j'ai toujours refusé certaines choses, quand « je n'ai pas la case », comme je dis toujours.

---

* Catherine Ringer est la chanteuse du groupe mythique des années 80, Les Rita Mitsouko, qui a existé jusqu'en 2007, année de la mort de Fred Chichin, son partenaire.

Savoir ce que l'on ne veut pas

Justement, t'es-tu fixé une ligne claire concernant ce que tu n'accepteras jamais ?

Oui, bien sûr. Il y a certaines personnes avec qui je sais que je ne travaillerai jamais. Je ne veux pas. Et je n'ai pas envie de perdre mon temps avec des gens avec lesquels je sais que je ne pourrai pas travailler. Dans le même temps, j'ai appris à être beaucoup plus tolérante ! J'envisage maintenant de pouvoir travailler avec certaines personnes avec qui ça n'aurait jamais été possible il y a vingt-cinq ans. C'est aussi une histoire de rencontres. Mais, par exemple, je n'ai jamais accepté de publicités, et je n'en accepterai jamais. Je ne participerai jamais non plus à des émissions à la télévision, comme des talk-shows... De toute façon, ils ne m'appellent pas : je ne peux pas y aller, je ne rentre pas dans le moule ! Je ne sais pas faire rire et je n'ai pas envie de savoir !

Alors quels sont tes critères essentiels pour accepter un rôle ? Le choix de tes partenaires compte-t-il ?

Eh bien, c'est avant tout un scénario – une histoire – et la personne qui me le propose. Quant aux partenaires, j'aime bien rencontrer des gens différents, et dans une certaine mesure, c'est moi qui ai l'avantage. Je peux impressionner certain·es jeunes comédien·nes. Mais je crois être une camarade assez sympathique sur les tournages, je ne suis pas compliquée. Souvent, après le tournage, on me dit : « J'étais super content ou contente de te rencontrer, je n'imaginais pas que tu étais comme ça ! » Et là, je sais que ça renvoie à mes engagements politiques ! J'ai fait récemment, par exemple, une très belle rencontre : Damien Bonnard*, qui est aussi bien un super acteur qu'une super personne. On n'est pas intimes, mais je le regarde construire sa carrière, c'est un exemple de très beau parcours.

---

* Damien Bonnard a notamment joué dans *Les Misérables*, un film de Ladj Ly (2019), et dans *Les Intranquilles*, un film de Joachim Lafosse (2021).

Le cœur du sujet

À quoi ressemble une journée type de comédienne, quand il y a un tournage et quand il n'y en a pas ?

Quand il y a un tournage, la plupart du temps tu te lèves tôt. Quelqu'un vient te chercher en voiture, souvent un jeune stagiaire (qui, le premier jour, tremble de peur en se disant : « Pourvu que je passe bien les vitesses ! Pourvu que ce soit assez propre ! »). J'essaie de le décontracter assez vite parce que je sais exactement ce qu'il a en tête : beaucoup d'actrices et d'acteurs ont des exigences démentes. Tu arrives sur le lieu du tournage, tu passes entre les mains de la maquilleuse ou du maquilleur, du coiffeur ou de la coiffeuse, de l'habilleuse ou de l'habilleur. Ce sont des postes qu'il faut respecter, parce que ce sont eux qui vont t'aider à sortir de ta réalité et à basculer dans ton personnage. Ce sas, qui prend bien une heure et demie, est très important. Si je peux donner un petit conseil à de jeunes acteurs : faites bien attention à vos costumes. À la fin de la journée, ne le jetez pas à terre, comme je l'ai vu faire. L'habilleur ou l'habilleuse n'est pas là pour ramasser vos costumes, il ou elle n'est pas à votre service mais au service d'un film, ce qui n'a rien à voir. Jean Vilar disait : « On remarque un bon comédien à comment il s'occupe de son costume. » Il faut donc avoir beaucoup de respect pour ces gens qui vous accueillent le matin alors que vous avez peut-être mal dormi, que vous avez peur parce que vous allez tourner une séquence avec laquelle vous n'êtes pas très à l'aise… Ce sont eux qui vont faire en sorte que vous vous décontractiez, que vous vous sentiez bien, qui vérifient si vous avez envie d'un café ou autre. C'est précieux. Et ce sont eux aussi qui vont vous aider à retrouver votre personnage chaque jour : il faut être raccord dans la coiffure, dans le maquillage… ou bien l'adapter en fonction de la séquence du jour, où peut-être vous devrez pleurer, ou au contraire tout à coup nager dans le bonheur. Après, tu arrives sur le plateau. Tu prends le temps de dire bonjour à toute l'équipe parce que tous ces gens sont là pour te filmer, que ce soient les machinos, les électros, le son, l'image… Parfois, ils ont cette espèce de façon d'être, comme s'ils s'en foutaient. Mais si tu insistes, au bout de trois jours ils te diront tous bonjour. Et ils regarderont ce que tu fais quand tu travailles. Ça, c'est très important aussi. Après, eh bien, tu rejoins tes partenaires. Tu te mets à tourner, tu répètes, tu tournes, c'est une création commune avec ton réalisateur ou ta réalisatrice. Il ne faut jamais oublier que, souvent, les réalisateurs ou les réalisatrices ont peur des acteurs.

Le tournage : une vie d'équipe

Ah oui ?

Mais oui ! Les acteurs ont peur du réalisateur ou de la réalisatrice, mais eux aussi, les réalisateurs, ont peur des acteurs… On a le droit, quand on est acteur, d'être parfois un peu mal parce qu'on est en recherche, mais pas de faire régner la terreur ni de fonctionner aux caprices. Les acteurs ou actrices pénibles sont vite repéré·es par les techniciens, les producteurs et les réalisateurs. Après, ils parlent, ça circule. Une réputation se fait très vite. Il ne s'agit pas non plus de se faire marcher sur les pieds, bien sûr, c'est une question de respect envers soi-même et envers le travail qu'on est en train de faire. Encore un point capital. Par exemple, le portable : par pitié, fermez votre portable, laissez-le dans votre sac, dans la poche de votre veste, il ne se passera rien d'extraordinaire, vous êtes en tournage. Reprenez-le à la coupure à midi, regardez les messages, remettez-le dans votre poche quand vous tournez l'après-midi, et basta ! Je ne supporte plus de voir tous ces jeunes acteurs, et tous les techniciens au demeurant, maintenant, avec, entre les prises, le portable à la main. Comment peut-on rester concentré sur son personnage si on est tout le temps en train de regarder qui a gagné le match ou qui vous a appelé ou si vous avez un casting le lendemain ? Vous le saurez le soir ! Si je faisais un film, j'interdirais les téléphones sur le plateau. En plus, ça t'empêche de créer des liens avec les autres. Or un film, ça se fait aussi parce que tu vas boire un café avec l'un ou l'une de tes partenaires : tu offres un chewing-gum, tu t'intéresses, tu poses des questions sur leur travail antérieur…

À la fin de cette longue journée, tu es fatiguée ! Le cinéma t'apprend la patience : on attend beaucoup sur un tournage. Entre les prises, entre les différents plans, il y a parfois de grands changements techniques : on peut devoir installer des rails, faire des travellings ou mettre la caméra dans un endroit minuscule. Il faut régler la lumière, réfléchir à comment on s'y prend, selon ce que souhaite le réalisateur ou la réalisatrice, etc. Donc tu répètes, et après tu attends. Il faut être décontracté et dans le même temps avoir une disponibilité concentrée. Ça s'apprend.

Que fais-tu entre les prises ?

Je traîne. Souvent les acteurs ont une loge. Si vraiment j'ai deux heures à attendre, je vais dans la loge et je peux lire le journal, par exemple, mais pas un livre, je n'y arrive pas, je ne comprends pas ce que je lis. Le soir, je suis fatiguée, je rentre. Quand on a 20 ans, on sort un soir, deux soirs, et puis, si on a un gros rôle, au bout du troisième soir on arrête. C'est très fatigant, un tournage. Ça peut durer six semaines, sept semaines si tu as un grand rôle. C'est dense, les scènes de nuit sont fatigantes aussi. Et pour les jeunes acteurs, la grande épreuve, c'est que souvent ils ne tournent qu'un jour. Chaque tournage trouve son langage, fonctionne à sa manière ; une cosmogonie se met en place de façon différente chaque fois. Tu arrives alors que l'équipe se connaît depuis un moment, tu dois apprendre une langue étrangère et deviner comment ça fonctionne quasi instantanément. Et, dans le même temps, il faut que tu prouves à tout le monde qu'on a bien fait de te choisir…

Comment t'y prends-tu pour aider ces jeunes ?

Quand quelqu'un vient juste pour une journée, je suis profondément gentille. Je sais ce que c'est. Je me rappelle un film – je tairai le nom de ses acteurs – où je suis arrivée après le début du tournage. Le premier jour, ces acteurs connus m'ont regardée et ne m'ont pas dit bonjour. C'était avant *Marius*. Ils parlaient entre eux de foot, de tout et de rien. Heureusement, je ne me suis pas démontée et à la fin de la première prise seulement ils ont commencé à m'adresser la parole. Ça peut arriver : on te teste, c'est terrible, mais c'est comme ça. En fait, c'est un métier de fou, parce que tu passes des examens toute ta vie ! Alors j'ai tendance à être très accueillante, parce que je n'ai rien oublié de ces humiliations, de cette solitude totale et profonde et de cette angoisse. Il faut être costaud, sincèrement ! Tout est exacerbé dans ce métier : les sentiments, les émotions, même les choses banales de la vie… Tu te mets régulièrement en danger. Il faut apprendre à gérer ce « trop », à travailler avec tes émotions.

La pudeur de l'impudeur

Tu peux apprendre à maîtriser tes émotions ?

Oui. Ça ne s'apprend pas comme deux et deux font quatre, mais ça s'apprend avec l'expérience. Il faut regarder les autres. C'est le cas de nombreux métiers, d'ailleurs : de beaucoup de métiers artisanaux. Il faut observer : comment un acteur ou une actrice va se protéger à un moment donné parce qu'il y a une scène difficile à tourner… tous ces détails. Mais cela ne s'apprend pas en quinze jours. Il faut aussi se jeter à l'eau et analyser comment on ressort de ces expériences. Observer comment ton corps réceptionne ces émotions-là. D'où l'importance de suivre une formation dans des écoles de théâtre, car on ne le dit pas assez, mais c'est aussi ça qu'on t'enseigne à l'école.

Tu as raison d'insister sur ce point : c'est vrai qu'on passe beaucoup de temps à regarder les autres dans les écoles.

Il faut regarder les autres, il le faut ! Et il faut aller s'éprouver. Voir ce que ça nous fait de jouer tel ou tel rôle… Mais il ne faut pas y aller à moitié, il faut y aller pleinement, quitte à se ramasser. Ce qui compte, c'est que tu observes comment les sentiments se sont mis en place – ou pas, d'ailleurs. Est-ce que tu y arrives, est-ce que tu n'y arrives pas ? Est-ce que tu es coincé·e par quelque chose ? Est-ce que tu as peur ? Bien sûr, tu as peur, c'est normal, mais qu'est-ce qui fait que tu arrives à être impudique – parce qu'il faut apprendre à être impudique. C'est la pudeur de l'impudeur, ce métier. Il faut être impudique en sachant exactement que tu es impudique. Et tu t'en sers : c'est ton matériel (tes matériaux, même), tu le pétris comme une pâte. Après, il faut savoir redescendre. C'est très important, on ne redescend pas comme ça, on apprend à redescendre. Pourquoi, après une représentation, les acteurs vont souvent manger un morceau ou boire un verre ? Parce qu'un acteur ne peut pas aller se coucher directement. Il ne dort pas. Il a fait monter tellement d'adrénaline qu'il doit attendre qu'elle redescende. J'ai toujours rêvé de prendre des photos de ce moment où les acteurs ou les actrices sortent de scène après les saluts. À cet instant, ils ont une aura, une lumière, un truc incroyable. Ils sont très beaux. Je ne comprends pas pourquoi personne n'a jamais fait ça… Ça dure très peu de temps, au bout de trente secondes c'est fini.

Quand je joue au théâtre le soir, ma journée n'a rien à voir. La plupart du temps, je ne me lève pas trop tôt, pas à midi non plus. Je fais ce que j'appelle mon « bureau » : je réponds au téléphone, à mes messages. Je déjeune, je me repose un peu après le déjeuner. Après, je peux aller faire une course, aller voir quelqu'un… Mais à partir de 5 heures de l'après-midi je n'existe plus pour personne. D'abord parce que je ne comprends plus ce que tu me dis – vraiment. Ma seule obsession, c'est de faire attention : bien traverser au feu rouge, bien regarder les voitures, ne pas me faire renverser, et, surtout, que le métro fonctionne ! La plupart du temps, si je joue à 20 h 30, je suis au théâtre à 18 h 30. Je reste deux heures là, en dehors du monde. Et j'ai des rituels, beaucoup de « rituels » : je fais les mêmes gestes tous les soirs, à la même heure, ma table de maquillage est rangée toujours de la même manière. Beaucoup de comédiens ont des rituels parce que d'un coup on fait quelque chose de sacré, c'est comme une messe !

Tu te maquilles seule ?

Au théâtre, oui – ça coûte tellement cher, une maquilleuse. Parfois, on peut venir te maquiller aux premières représentations et on te passe la main ensuite, en te laissant des dessins, etc. Mais se maquiller aussi s'apprend. Dans les écoles, on te propose des cours de maquillage. Si c'est un spectacle vraiment lourd, le budget prévoit un poste de maquilleuse, ou le plus souvent de maquilleuse-coiffeuse. Après cela, je joue. Quand je sors du spectacle, les dix premières minutes je m'assieds, c'est un moment très étrange. Après, on commente un peu la représentation entre nous, ce qui était bien, pas bien, avant d'aller retrouver les gens qui sont venus nous voir jouer. Tu prends ce temps pour redescendre. Et puis on connaît toujours un moment de nostalgie le soir de la première. Parce que le temps des répétitions est aussi un temps, comme sur un tournage, où se crée une cohésion d'équipe. Quand tu te retrouves tous les jours pour travailler, il se tisse une familiarité du quotidien : « Qu'est-ce que tu fais après ? Comment tu rentres ? », on est très proches, ensemble. Et puis, un soir, arrivent les autres, ceux qui viennent te voir. Du coup, ils t'attendent, et tu te trouves séparé·e de tes compagnons d'aventure. Alors évidemment, à la seconde, tout le monde revient plus tôt pour échanger les retours des uns et des autres, et, heureusement, on recrée ce cocon avant chaque représentation.

L'intensité au théâtre

Quel moment est le plus intense quand tu es au théâtre ?

Il y a deux moments que j'adore. Celui juste avant d'entrer en scène : je suis terrifiée, mais en même temps je vis, je sens que je vis ! Et j'ai une responsabilité. Aujourd'hui, quand je joue avec des acteurs plus jeunes que moi, même si je suis terrifiée, je les fais rire. Par contre, les dix ou quinze secondes juste avant d'entrer en scène, là, il ne faut pas me parler, il ne faut pas me toucher, il faut m'oublier. Je ferme tout et j'entre. Et puis, évidemment, quand le spectacle marche bien, j'adore les saluts.

Tu arrives à en profiter ? Il faut pouvoir sortir rapidement de son rôle.

J'adore. Quand ça marche bien, tu te mets progressivement à communiquer vraiment avec la salle, c'est comme un ping-pong. Et les saluts, c'est le moment où les spectateurs te disent : « Comment ça va, vous ? Nous, on est contents ! » C'est joli. Ce qui est beau aussi quand tu joues, c'est quand tu sens que tu as pris le pouvoir sur la salle, que tu peux la faire aller à droite, à gauche, la faire arrêter de respirer, la faire rire… C'est un moment de jouissance absolument totale. Quand tu fais un suspens, que tu entends le silence de la salle et qu'en face rien ne bouge, là tu te dis : « Je vis un moment magique et unique. »

Quels sont, selon toi, les critères pour être une bonne comédienne ou un bon comédien ?

Pour moi, c'est l'intensité de la personne. Il y a des gens qui arrivent sur un plateau, ils ne parlent même pas et ils sont là, ancrés. Ça s'appelle la « présence ». L'intensité est presque physique. Tu sais tout de suite. Quand j'étais jury pour les concours du Conservatoire à Paris, je voyais dans les toutes premières secondes si cette présence existait ou pas. (Ce concours, c'est ce que j'ai passé de plus difficile dans ma vie, je pense.) Les gamins ouvrent la porte, ils entrent et ils sont tous pétris de peur. Pourtant, chez certains ou certaines, tu sens qu'il y a un truc. Marcel Bluwal me disait quand j'étais au Conservatoire : « C'est dans les trente premières secondes qu'on sait si tu es bien. » Ça me semblait injuste : dans les trente premières secondes, on n'a même pas encore parlé, on n'a pas raconté ce qu'on a à jouer. Eh bien, il avait raison. Cette présence, c'est difficile à expliquer, c'est assez étrange. C'est une espèce d'ouverture qui fait que l'acteur ou l'actrice te laisse te projeter sur lui. Par exemple, Jean-Pierre Darroussin a cette chose-là sur le plateau : il est d'un calme, il a cette espèce de flegme bien à lui, il est très fort. Il te laisse le regarder. Il faut laisser le spectateur te regarder. Ne pas foncer sur lui. Et il faut te montrer au spectateur tel·le que tu es, sincère, le plus authentique possible. C'est difficile, surtout quand tu es jeune, mais c'est fondamental. Cela demande une certaine confiance en soi de se dire qu'on a le droit d'être là. Mais quand on fabrique, le public le remarque vite. Même si certain·es sont fort·es dans la fabrication ! C'est impératif de savoir ce que tu joues.

Avec l'expérience, es-tu devenue plus exigeante ou, au contraire, as-tu lâché certaines choses parce que tu n'as plus rien à prouver ?

Je n'ai rien lâché du tout. Rien. J'ai toujours tout à prouver. Comme au premier jour. J'ai toujours à vous convaincre que ça vaut le coup de venir voir mon travail. La reconnaissance, les prix, c'est très éphémère. Mon travail est éphémère. Je recommence chaque fois, simplement je recommence avec un bagage qui m'aide. Disons que j'ai avec moi une carriole remplie d'outils qui peuvent me filer un coup de main. Mais je recommence.

La fameuse vocation

On dit toujours qu'il faut avoir la « vocation » pour faire ce métier : tu es d'accord ?

C'est peut-être étonnant de l'entendre de ma bouche, mais ce métier est un sacerdoce. Par moments, c'est *vox clamat in deserto*. Tu peux jouer devant vingt personnes comme devant une seule, et parfois on annule. Tu peux arriver à un casting où il ne reste plus que deux candidats, dont toi, et puis c'est l'autre qui décroche le rôle. Il faut savoir que ce métier n'est pas juste, tellement il est subjectif. Il faut donc avoir conscience qu'il va falloir lutter. *Lutter*, il n'y a pas d'autre mot. Marcher, ne pas arrêter de marcher. Et combattre. Pour tenir, il faut savoir ce que tu veux faire, que ce soit obsessionnel. Et là, j'ajoute : surtout si tu es une fille.

Les femmes comédiennes sont de vraies combattantes : il faut beaucoup de résilience pour être comédienne. Ça commence dès le début : tu es belle ou tu n'es pas belle. Si tu es moche, il faut vite que tu réfléchisses, parce que tu vas jouer les soubrettes marrantes ou les rôles de caractère. Qu'est-ce que ça signifie ? Que tu ne corresponds pas aux canons de beauté à la mode ! Même si tu n'es pas mauvaise comédienne. J'ai assisté à des scènes consternantes. Par exemple, un jour, un directeur du Conservatoire de Paris a lancé à ses membres du jury, au concours d'entrée : « Chasse aux boudins ! » Véridique. Quand j'étais au Conservatoire, je n'avais qu'une amie métisse. Elle a travaillé avec Antoine Vitez, et quand Antoine est mort elle n'a plus jamais travaillé. Elle est devenue psychanalyste. Maintenant, effectivement, il y a des jeunes filles qui viennent de la diversité, qui sont plus ou moins grosses, plus ou moins maigres, ce qui était impossible à mon époque. Aujourd'hui, pour se donner bonne conscience, on affiche, allez ! les dix filles issues de la diversité qui commencent à être un peu connues.

Il y a vingt ans, des filles ont commencé à entrer dans le cinéma français et à devenir réalisatrices. Elles ont changé l'image des femmes à l'intérieur du cinéma et les rôles qu'elles avaient à jouer. Si on compte encore le nombre de fois où les filles sont à poil et où les garçons ne le sont pas dans les films, l'injustice est inouïe ! Le pire, c'est si tu regardes à partir des années 80 : il n'y a aucun film où il n'y a pas un moment où la jeune première n'est pas nue. C'est quand même un monde ! Alors, effectivement, ça change. Mais ça change pourquoi ? Parce qu'il y a un mouvement : s'il s'arrête, ça redégringolera et ça recommencera. Là, tout le monde se fait du souci, craint de se faire attaquer au moindre faux pas. Mais les bonnes manières ne sont absolument pas encore entrées dans la tête des mecs, ou du moins pas dans celle des décideurs. Aujourd'hui, de ma promotion, on est trois à être connues : Catherine Frot, une célébrité, Dominique Reymond, une célébrité dans le théâtre public, et moi.

Quand on sort du Conservatoire et qu'on rentre au JTN, eh bien, ce sont d'abord les garçons qui sont engagés. De toute façon, ce n'est pas compliqué : tu prends toutes les pièces de théâtre, tu comptes le nombre de rôles de garçons et le nombre de rôles de filles. Tu vas au théâtre, tu regardes aux saluts, le compte est vite fait. Depuis une dizaine d'années maintenant, ça change. De jeunes metteuses en scène montent des spectacles avec beaucoup de filles. Et tant mieux ! Des filles qui font des propositions, c'est de là que va venir le renouveau du théâtre. Des femmes, et de personne d'autre. Ce sont elles qui insufflent des choses.

Les femmes

Justement, tu es comédienne, mais avant tout citoyenne. Je voulais que tu nous parles un peu du Collectif 50/50.

Je ne fais pas partie du Conseil d'administration de 50/50, mais j'accepte de temps en temps des interviews où je m'affiche avec lui. Ce collectif a été fondé en février 2018, à la sortie de #MeToo. J'ai participé à des réunions et j'ai fait partie, bien sûr, des quatre-vingt-deux femmes qui étaient sur les marches de Cannes. C'est bien que ce mouvement ait été créé. C'était une étape pour se battre contre le harcèlement et aider à continuer à libérer la parole. Il met aussi une pression quant à l'égalité entre les femmes et les hommes dans le cinéma français et quant à l'égalité des salaires, ce qui n'est pas encore bien au point. Pas uniquement dans le cinéma, d'ailleurs… Pour moi, c'est l'aspect le plus important à défendre.

Tu veux dire plus que la parité dans les corps de métier ?

Non, la parité, c'est important aussi, et c'est vrai que ça a beaucoup bougé. Par exemple, quand j'ai tourné au mois de juillet *Sous le tapis*, avec Camille Japy, une fille formidable, la moyenne d'âge devait être de 35 ans. J'ai vu des filles machinos, électros… Là, quelque chose est véritablement en train de se mettre en place. La corporation des techniciens évolue, ça demande parfois une certaine adaptation aux garçons, c'est assez génial ! Ce n'est plus possible de faire de grosses blagues salaces, par exemple. Ça transforme l'ambiance du plateau et c'est très apaisant.

Voilà une bonne nouvelle ! Tu assistes donc à cette évolution.

Ah oui, vraiment ! Et puis les filles ne rigolent pas, elles sont au taquet. Même parmi les équipes caméra, elles sont beaucoup plus présentes, c'est vraiment très agréable, ça roule moins des mécaniques. Les relations sont plus horizontales, plus égalitaires. C'est bien, même si ce n'est pas toujours simple parce que, quand les filles débarquent dans des équipes d'hommes, il leur faut encore se battre pour tenir. Ce n'est pas gagné complètement. Mais elles sont là, elles font le job, et elles le font très bien. Comme dirait Gisèle Halimi, elles ont parfois des manières d'hommes pour s'imposer. Elles sont obligées de repasser par là. Et c'est sur ce point aussi qu'il faut travailler.

Des femmes sont venues te chercher pour travailler avec toi, ça te rend heureuse ?

Oui, j'aime beaucoup travailler avec les filles, c'est différent. Par exemple, j'ai adoré travailler avec Camille Japy. D'abord parce que Camille est une actrice : ça, c'est formidable, elle sait ce que c'est. Et en plus elle a obtenu tout ce qu'elle voulait avec beaucoup d'élégance, de douceur et d'humour, sans autorité mal placée. C'était génial ! Le premier jour du tournage, elle m'a fait mourir de rire. On allait commencer à tourner et, tout à coup, elle nous a dit : « Je suis tellement heureuse que vous soyez tous là ! Je n'en reviens pas. On va faire un film formidable ! » Elle n'a été que dans la générosité, tout le temps. Donc tu n'avais qu'une envie : lui donner !

Jolie leçon de pédagogie.

Oui. C'était un tournage où il n'y avait pas beaucoup d'argent. On faisait des heures supplémentaires, l'équipe en a bavé. Mais c'est le metteur en scène ou la metteuse en scène qui donne l'ambiance d'un tournage, personne d'autre. L'équipe a travaillé pour elle parce qu'on voyait qu'elle y allait, elle donnait tout, elle aussi. Elle ne m'a pas lâchée, elle m'a poussée hors de mes zones de confort, toujours avec beaucoup de bienveillance. C'est un rôle étrange, parfois je fais rire, parfois je fais pleurer, parfois je suis complètement larguée… J'avais juste envie de lui faire plaisir – je ne peux pas dire mieux. Le film est en montage en ce moment, après il y a la post-synchro, je ne sais pas quand il sortira, cela dépend des festivals, de beaucoup de contraintes.

Dans ton livre avec Véronique Olmi*, tu dis : « Les femmes sont les plus grandes ennemies d'elles-mêmes. Elles récupèrent l'idéologie que les hommes leur renvoient et elles se font du mal toutes seules. »

C'est vrai, je le maintiens. Dans les écoles de théâtre, les professeures demandent aux jeunes actrices de correspondre à une image qui, au fond, est l'image de ce que les hommes attendent d'une femme. Ça commence à bouger un petit peu, presque inconsciemment, il va falloir encore beaucoup de temps. Mais nous toutes, on ne s'en rend même pas compte, c'est un travail de toutes les secondes, je crois. Cela fait des siècles que cette idéologie est en place.

---

* *Une force et une consolation*, L'Observatoire, 2018.

Il y a quand même plus de profs femmes qu'avant dans les écoles de théâtre et les conservatoires.

Oui, bien sûr, comme dans tous les métiers, mais ce n'est pas la majorité, et surtout, quel pouvoir ont-elles ? Il ne suffit pas qu'il y ait beaucoup plus de femmes et plus de parité, tout dépend ensuite de la place qu'elles occupent. Il faut que nous nous imposions un travail, je dirais, quasi philosophique. Nous avons une double tâche : nous devons réfléchir à notre condition, et il faut aussi que nous aidions les hommes à réfléchir à la nôtre et à la leur ! Pour ma part, je n'ai jamais considéré les hommes comme mes ennemis. Ils ne savent même pas que le monde est fait pour eux, c'est tellement naturel qu'ils ne s'en rendent pas compte. C'est donc ce travail de déconstruction- là qu'il faut qu'on arrive à penser. Ça ne se réglera pas en trente ans. Il suffit de se retourner sur 1972 et le procès de Bobigny pour avortement après un viol dans lequel a plaidé Gisèle Halimi et de regarder où on en est cinquante ans plus tard. Que se passe-t-il en Italie, en Hongrie ? C'est de plus en plus difficile d'avorter en toute légalité. Je ne parle même pas des États-Unis. Et même en France, si une jeune fille veut se faire avorter, ça dépend sur quel médecin elle tombe. On parle de moins en moins du Planning familial aux jeunes filles. Quant au viol, on est obligées de se battre comme des lionnes : on est seulement en train de découvrir à quel point c'est dingue, le nombre de filles qui ont traversé ce cauchemar. Et l'affaire récente Poivre d'Arvor… malgré le nombre colossal de filles qui témoignent contre lui, on leur crache quand même dessus : c'est insensé !

**Et c'est classé sans suite…
Vous en discutez ensemble avec Robert ?**

Bien sûr. La position de Robert est simple : l'essentiel pour lui, c'est d'abord la parité salariale. Tant qu'on n'a pas obtenu cette égalité salariale, on ne peut pas parler d'égalité. Le pouvoir et la domination sont liés à l'argent. Après, il y a des lignes de conduite. Pour des scènes où les filles doivent se dévêtir, par exemple, et où tu es obligé de voir le corps de la fille avant de tourner, Robert demande toujours à une femme d'être avec lui, la plupart du temps la maquilleuse. C'est important, parce que dans notre métier la séduction entre tout le temps en ligne de compte. C'est pour cela aussi que j'aime bien tourner avec des filles, c'est plus tranquille – en espérant qu'elles ne récupèrent pas certains travers du pouvoir. À mon âge, ce n'est plus pareil, au moins ce phénomène de séduction ne se pose pas.

De la légèreté sur un plateau

Tu nous as beaucoup parlé de Vitez et de Bluwal. As-tu croisé d'autres figures qui t'ont marquée dans ton métier ?

Il n'est pas tellement connu du grand public, mais Jacques Seiler est un monsieur qui m'a beaucoup appris. C'est l'acteur chauve de la série télévisée *Vidocq*, qui était populaire à la fin des années 1960. Il avait monté en 1980, au Théâtre Montparnasse, les *Exercices de style* de Raymond Queneau, avec Danièle Lebrun et Jacques Boudet. Ce spectacle a connu un succès incroyable. *Exercices de style*, c'est toujours la même histoire, mais écrite dans plein de styles différents. Il l'avait monté de manière minimaliste, avec juste des chapeaux en carton, une canne, trois fois rien. Il reprenait des exercices d'acteurs pour chaque style d'écriture. C'était à hurler de rire, vraiment génial ! Ça marchait tellement que les comédiens n'arrivaient pas à prendre de vacances. Danièle Lebrun m'a demandé un été de la remplacer. C'était plein à craquer, c'était fou de voir autant de monde dans un théâtre parisien en été !

Cet homme m'a appris la légèreté sur un plateau. Tous les soirs, il se débrouillait pour que j'aie un fou rire. J'ai vécu un été tellement heureux, incroyable ! Et très formateur. Parce qu'en plus il fallait piger vite avec Jacques. C'est comme quand tu fais du stand-up : il faut aller très vite dans le maniement de l'humour. Il m'a appris à accélérer. Avec lui, tu riais non-stop, tu ne peux pas imaginer !

Pourquoi sont-ils venus te chercher ?

C'est Danièle Lebrun qui a voulu que ce soit moi. Elle me voyait bien dans le rôle – et c'était aussi une manière très élégante de me donner un coup de main.

Après, j'ai travaillé avec Didier Bezace, qui a joué un rôle formidable dans le théâtre français. Je ne te cite que des hommes, parce que ça ne fait pas très longtemps que les femmes ont investi la mise en scène. À part Ariane Mnouchkine. Mais je n'aurais jamais pu travailler avec elle, je ne suis pas d'accord avec la manière dont elle dirige ses acteurs, je suis trop indépendante. Même si sa contribution est fondamentale dans l'histoire du théâtre français, qu'elle a vraiment fait bouger.

Je n'ai jamais pu travailler en compagnie. C'est trop fermé. À un moment donné, il faut me laisser partir. Avec Guédiguian, une grande partie de l'équipe se retrouve une fois par an, ou une fois tous les ans et demi, mais c'est différent, entre chaque film on vit notre vie. Alors que dans une compagnie tu vis ensemble tous les jours.

J'ai travaillé (et je continuerai à travailler) avec des gens comme le chorégraphe Thierry Thieû Niang. Thierry est très important pour moi. On s'est connus en 2010 grâce aux rencontres « Les Sujets à vif » de la SACD au Festival d'Avignon. La SACD demandait à des artistes confirmés de venir proposer quelque chose qu'ils n'avaient jamais fait. Moi, en tant que fille de Peter Pan, je voulais voler ! D'abord, ils ont pensé que j'étais dingue, après ils m'ont dit qu'ils n'avaient pas les infrastructures pour envisager ce projet. Et puis l'une des filles de l'équipe m'a demandé si je connaissais Thierry Thieû Niang et quel texte j'avais choisi. Je leur ai répondu du tac au tac : « Marie Desplechin a écrit un texte. » Marie n'avait pas écrit une ligne ! Ils m'ont donné le numéro de Thierry Thieû Niang que je ne connaissais pas, je suis sortie du rendez-vous et j'ai sauté sur mon téléphone : « Marie, il faut qu'on fasse un truc à Avignon, j'ai annoncé que tu avais écrit un texte. » Elle : « Mais de quoi tu me parles ? » Moi : « Tu connais Thierry Thieû Niang ? » Elle : « Bien sûr. J'ai travaillé avec lui et avec Chéreau. » Ça a simplifié la donne. J'ai rencontré Thierry dans la cuisine de Marie – parce que tous ses projets naissent dans sa cuisine – et on a construit *Touchée par les fées* tous les trois. Ce titre est la traduction du mot provençal « Fada ». C'est un spectacle sur pourquoi je veux voler, où je raconte des épisodes de mon enfance, pourquoi je ressemblais à un petit garçon, etc. On l'a monté avec trois cubes, deux chapeaux pointus de réveillon en carton, une paire de ballerines à paillettes, et un très beau costume : une combinaison rouge, comme celle de Marius, mais sous cette combinaison, j'ai un pourpoint brodé. Je suis un elfe, je danse et je vole. On a beaucoup tourné ce spectacle jusqu'en 2017.

Vous le jouerez encore ?

Peut-être un jour. Je ne sais pas si j'y arriverais aujourd'hui. À un moment, je danse sur les Chœurs de l'Armée rouge, tout le monde se demandait comment j'arrivais à tenir. Je l'ai joué en Avignon dans le « in » et j'ai terminé la tournée il y a six ans dans le « off », dans la chapelle du Petit Louvre. La boucle était bouclée. C'était plein absolument tous les jours. Ce spectacle a été très important pour moi. Chaque fois qu'on le reprenait, le texte bougeait, Marie réécrivait des passages. On a plusieurs versions. Dans la dernière, j'arrivais en disant : « Mon agent m'a dit que maintenant ça allait être difficile de jouer Juliette : c'est trop tard. » Peut-être que je pourrais le reprendre… je réfléchis. Mais Avignon est une aventure spéciale. Je demande toujours à jouer en début d'après-midi : j'y viens, je joue, et puis je m'en vais. Je ne reste pas dans la ville… C'est devenu une telle foire. De temps en temps, je vais voir un spectacle. On y rencontre encore de vrais amateurs de théâtre, qui prennent leurs vacances spécialement pour le festival et épluchent la programmation, c'est vrai, mais l'aspect économique prend tellement de place aujourd'hui.

Des joies... et des difficultés

Quelle(s) joie(s) professionnelle(s) as-tu connue(s) dans ta carrière ?

Bien évidemment, il y a les prix, ce sont des souvenirs émouvants. Quand tu entends ton nom le soir des César… J'embrasse ma fille Valentine, je marche dans l'allée en étant persuadée que quelqu'un va m'arrêter et me dire : « Vous vous êtes trompée, ce n'est pas à vous. » Je n'y croyais pas, c'était très étrange. Je dis toujours que c'est le poids de l'objet qui m'a fait accepter que ce que je vivais était bien réel. Et Clint Eastwood qui se lève pour m'applaudir ! Moi, j'adore Clint Eastwood, cette année-là c'était lui, l'invité d'honneur…

C'est toute une histoire, ce César… Quand je suis arrivée le soir au Théâtre des Champs-Élysées – il y avait sept nominations pour *Marius* –, j'étais absolument persuadée que je ne l'aurais pas puisque je n'étais pas connue. Le film avait eu un grand retentissement, mais moi, en tant que comédienne, on me connaissait plutôt au théâtre. En face, il y avait Miou-Miou, Sabine Azéma, etc., je ne tenais pas le niveau, donc j'étais très tranquille. Les nominations défilent, pour la mise en scène, pour ceci, pour cela, et *Marius* n'obtenait rien. La seule catégorie qui restait, c'était celle de la meilleure actrice. C'est André Dussollier qui avait obtenu celui du meilleur acteur pour *On connaît la chanson**. Et je ne sais pas pourquoi, je me suis dit : « Ah ! Si Dussollier l'a, c'est étrange », parce que Dussollier n'avait encore jamais reçu de César. J'ai commencé à me questionner sur comment ils avaient voté et puis je me suis dit : « Ariane, arrête, ça suffit. » Je dis toujours que c'est ce soir-là que j'ai eu un aperçu de comment fonctionne notre cerveau. Un son entre dans ton oreille, monte au cerveau, le cerveau décrypte, et ce son c'était : « Ariane Ascaride. » C'est vraiment une sensation physique, pas du tout intellectuelle... [*Silence.*] Je me suis levée, et alors là j'ai été assaillie par mille questions : « Je ne vais pas embrasser Robert, je ne veux pas montrer notre intimité à la télé. » J'ai juste embrassé Valentine. Mais tout cela était volontaire. Et puis après, dans l'allée, je me répétais : « Non, ce n'est pas possible. » Je me revois monter sur le plateau, Antoine de Caunes qui présentait la soirée me félicitant, arriver derrière le pupitre où Philippe Torreton me remet le César, son poids, et... [*Silence.*] Je vois cette salle et tous ces gens qui applaudissent. C'est un moment très étrange. Je regardais au poulailler, parce que ce sont les secrétaires de production, etc., qui sont installé·es là-haut... et puis m'est venue cette phrase sur les femmes, sur ma mère...

---

* Film d'Alain Resnais (1922-2014) de 1997.

Tu ne l'avais pas préparée ?

Je m'étais quand même dit : « Si jamais… je parlerai des femmes. » Mais comme je suis superstitieuse, dès que je commençais à réfléchir à un discours, je chassais toute idée de ma tête. Quand j'ai fini mon « compliment », tout à coup j'ai vu Clint Eastwood (qui ne comprend pas un mot de français, d'ailleurs) se lever. Je ne savais plus ce qu'il m'arrivait. Comme c'était l'invité d'honneur, toute la salle s'est levée derrière lui. [*Rires.*] Je suis sortie de scène, Toscan du Plantier* m'a récupérée, je tremblais littéralement, il m'a dit [*rires*] : « Je te confie à quelqu'un parce que là, je n'ai pas le temps. » J'étais dans un état tellement étrange que je me suis laissé faire. Il m'a poussée dans les bras d'un monsieur, grand, j'ai entendu : « Je vous admire beaucoup, j'ai voté pour vous » et j'ai pensé : « Mais cette voix… », j'ai levé la tête et c'était Johnny Hallyday ! Là, je vis un truc de midinette, je me dis : « Oh, les caméras de Canal ne sont pas là pour nous filmer, mes copines ne pourront pas voir que je suis dans les bras de Johnny Hallyday ! » [*Rires.*]

Bon, après j'ai été happée : tu as des tas de micros devant toi, il faut répondre à des questions, poser pour les photos, c'est un truc de fou. Mais je ne

---

* Daniel Toscan du Plantier (1941-2003) était un grand producteur français.

sais pas dire si c'est de la joie. C'est une histoire de caractère : je n'arrive pas à ressentir une joie totale dans ces moments-là. Je crois toujours que ce que je vis n'est pas légitime.

Incroyable ! Ce sentiment est encore présent, malgré ta réussite ?

Ah oui ! Je me soigne, mais je pense que je ne m'en débarrasserai jamais. Ça ne se voit pas comme ça parce que je fais toujours un « compliment » tourné vers les autres, pour une cause. Je ne remercie pas mon agent, ma famille, etc. J'ai toujours à cœur que ce moment d'exposition soit utile. Mais c'est aussi une certaine manière de me mettre en retrait.

En revanche, j'ai connu un moment de joie intense avec *La Maman bohème*, dont j'ai déjà parlé, à la Commune avec les élèves de Seine-Saint-Denis. Mon professeur au Conservatoire disait : « Il y a toujours un Japonais du cinquième rang. » Le Japonais du cinquième rang, c'est la personne dans la salle qui comprend tout ce que tu fais, qui est complètement touchée. Alors il faut jouer, ne serait-ce que pour cette personne-là. Sinon, je ne crois pas être mégalomane, j'ai peu d'orgueil professionnel – peut-être pas assez même.

Que veux-tu dire par là ?

Je gagnerais à en avoir plus. Je me soigne aussi, mais j'ai l'impression que cela ne marche pas du tout. [*Rires.*] Quand les gens me reconnaissent dans la rue, je les remercie, mais ça ne me donne pas la grosse tête, cela fait du bien à mon âme, ce n'est pas la même chose. Et cela m'oblige à une grande exigence par rapport à ce que je fais. Je ressens une responsabilité. Ce serait un de mes grands malheurs si un jour quelqu'un dans la rue me disait : « Mais pourquoi avez-vous fait cela ? » Je préfère que l'on me dise qu'on n'aime pas mon jeu. Ça, ça ne me dérange pas, on ne peut pas être aimé·e de tout le monde. Mais que l'on me dise : « Pourquoi avez-vous fait cela ? »… [*Silence.*] Je ne pourrais pas. Donc, je fais un métier de sacerdoce. C'est un peu pompeux comme terme, mais je l'assume.

Les fous rires de la bande

Et sur les tournages, te souviens-tu d'un épisode particulièrement joyeux ?

Sur les films de Robert, c'est très joyeux parce que je tourne avec mes camarades : il y a toujours un moment de fou rire. Par exemple, l'affiche de *Marius et Jeannette*, ce n'est pas une photo du film, elle a été faite entre deux prises. Gérard Meylan m'a fait une confidence et je lui ai dit : « Je te jure que je vais le dire. » J'ai commencé à avancer en rigolant pour aller le dire aux autres, c'est pour cela qu'il me retient, il me dit : « Non, ferme-la ! » et on se marre ! Le premier assistant avait son appareil, il a pris cette photo avec son téléobjectif, de loin, sans savoir ce que l'on se racontait. Pour l'affiche, on nous a demandé de faire des séances de photos interminables, et finalement c'est celle-là qui a été choisie [*rires*], une photo de complicité d'amis.

C'est vraiment rare que je n'aie pas de fous rires. Sur le dernier film que j'ai tourné avec Jean-Pierre Darroussin, il y a une séquence la nuit où on doit rire. J'en avais marre de faire semblant, je lui dis : « Qu'est-ce que l'on peut inventer ? » Il me raconte un épisode que l'on avait vécu ensemble et j'explose de rire. [*Rires.*] Et hop ! ça a tourné. Quand j'y repense, j'ai tellement ri… Voilà de vraies joies brutes.

Mais… [*Silence.*] Je traverse surtout des étonnements, des ravissements inattendus, je dirais. Quand tu arrives dans un autre pays, au Brésil ou en Espagne. Ou que tu arrives en Italie, que ton film est projeté dans la salle de cinéma de Nanni Moretti avant un débat, qu'on te présente, que tu reviens dix minutes avant la fin de la projection pour ne pas être en retard, que tu entends le générique de fin, que la porte s'ouvre et que Nanni te prend dans ses bras, te serre très fort – ce n'est pas le genre d'attitude de Moretti –, ça oui, c'est une immense joie ! J'adore les films de Nanni, je me rappelle très bien ses tout premiers qu'on était allés les voir avec Robert, bien sûr. Il y a une espèce de parallélisme entre eux : ce sont deux garçons qui racontent leur vie, leur époque…

Ou bien tu marches dans la rue à Madrid et soudain quelqu'un t'arrête et te demande : « C'est bien vous ? » Sur le moment tu te dis : « Je ne connais personne à Madrid, moi, qu'est-ce que c'est que cette histoire ? » Et la personne a vu tes films. Ce sont des émotions fortes.

Une projection *horribilis*

À l'inverse, as-tu connu un moment tellement difficile que tu te serais dit : « Là c'est trop, j'arrête » ?

Le moment le plus difficile de ma vie professionnelle c'est, je crois, ce que je t'ai raconté avec Giorgio Strehler. Et puis quand on a commencé à faire des films avec Robert. Par exemple, l'épisode à Cannes que j'ai raconté, à la projection de *Rouge midi*. C'était vraiment horrible : des gens qui se moquent de toi alors que tu es dans la salle, c'est un immense traumatisme. Après la projection, tu n'as plus un ami. [*Silence.*] Tous les gens qui étaient venus pour toi s'envolent comme des moineaux.

On s'est retrouvés, Robert et moi, seuls dans un petit troquet de la rue d'Antibes, comme deux pauvres êtres, en se demandant : « Qu'est-ce qu'on fait maintenant ? »

Quelles ressources mobilises-tu pour ne pas abandonner ?

Je crois que je fonctionne comme cela dans la vie aussi : quand on me rejette, j'y retourne. Il y a eu un autre épisode très raide, quand *Marie-Jo et ses deux amours* était en compétition. La projection était en début du festival, elle se passe très bien, on rentre à Paris. Et là, on vit un moment complètement fou : le jour des résultats, le festival nous appelle pour nous prévenir que rien n'est joué et nous demande de nous préparer à revenir. Comme Robert avait un ennui de santé, on ne pouvait pas prendre l'avion. Donc on se retrouve à la gare avec nos housses pour la robe, le smoking. Et le téléphone qui sonne régulièrement pour nous dire : « Oui, non, oui, non », et puis finalement cet appel définitif : « C'est fini, vous pouvez rentrer chez vous. » C'est d'une violence inimaginable ! Que l'on ne t'appelle pas du tout, c'est dur. Mais là, que l'on t'appelle, que l'on te fasse aller jusqu'à la gare, tu es devant ton train et tu ne sais pas si tu dois le prendre… Et en une seconde tout s'écroule ! J'ai fait un truc incroyable, qui ne m'arrive jamais d'habitude : je suis rentrée, je me suis mise au lit et j'ai dormi. Je ne voulais plus rien savoir. Ce qui est très difficile dans ce métier, c'est que tu peux disparaître aussi vite que tu as été adulé·e, si tu as la chance que ça t'arrive un jour. C'est très aléatoire.

T'es-tu un jour posé la question d'arrêter ce métier, tellement il est difficile ?

Bien sûr. Il faut avoir l'endurance du coureur de fond pour faire ce métier. Mais j'ai un côté obsessionnel – ce doit être une névrose : je ne peux pas faire autre chose. En ce moment, j'ai des projets jusque dans deux ans, je me dis qu'il faudrait peut-être que je souffle, que j'aille au bord de la mer. Mais aussitôt après ça ne me semble pas possible. Je ne sais pas si je tiendrais. Est-ce que je ne deviendrais pas désagréable pour tout le monde autour de moi ? Pourtant, certains comportements, certains fonctionnements du métier me semblent beaucoup plus ridicules qu'avant…

En ce moment, par exemple, je répète avec de jeunes gens et j'en suis très heureuse. Mais je les vois se faire des nœuds dans le cerveau, et mes conseils ne servent à rien, parce que c'est un métier où tu ne cesses d'apprendre avec le temps. C'est sur ce point qu'on trompe les jeunes acteurs, et particulièrement les jeunes actrices : on leur fait croire qu'elles y sont arrivées en un film ou deux, ce n'est pas vrai évidemment. Mais comme on les surmédiatise aussitôt, ça fausse complètement cette notion de progression lente. Et ils ou elles y croient. Or c'est un métier où l'on peut te jeter aussi vite qu'un kleenex. C'est très difficile à comprendre et à admettre. Ton existence professionnelle peut s'éteindre comme si tu appuyais sur un interrupteur. C'est pour cela qu'il faut commencer par le théâtre. Le théâtre t'oblige à passer par un voyage initiatique : à apprendre différentes techniques vocales, à gérer l'attention d'un spectateur, à le faire venir vers toi, etc., sinon tu ne peux pas monter sur un plateau. Le théâtre est une école d'humilité aussi, et l'humilité est fondamentale dans ce métier. Sans humilité, tu finis toujours par te casser la figure. Tu peux être en même temps un dieu *et* un trublion. Il faut absolument avoir conscience de cela.

Ce que j'ai récolté en chemin

Es-tu satisfaite de ton parcours de vie ? Si c'était à refaire, changerais-tu quelque chose ?

Je suis plus que satisfaite de mon parcours de vie ! Il faut être sincère, quand j'avais 20 ans, bien sûr que je voulais être connue. Cela doit même remonter à plus loin, dès l'enfance (pour de multiples raisons sans doute). Je ne voulais pas passer inaperçue, je voulais qu'on me regarde, je voulais exister. Enfant, j'ai dû fatiguer beaucoup d'adultes ; je faisais du bruit : je parlais fort, je pouvais tout casser dans une maison, pas parce que j'étais en colère mais parce que j'étais pleine d'énergie. J'étais vraiment un trublion. Je me suis pris de sacrées claques aussi. Les ados qui font du bruit, ça fatigue. (Et puis je voulais entrer dans un milieu hostile à ceux qui venaient de mes origines sociales. Je n'avais pas les codes de la petite bourgeoisie provinciale des jeunes qui fréquentaient le conservatoire de

Marseille.) Mais cette énergie était aussi un atout, comme cette fêlure en moi qui se dégageait avec évidence dans certains rôles. Je pouvais aussi bien jouer une soubrette, Toinette du *Malade imaginaire* par exemple, que Willie, cette jeune fille abandonnée de *Propriété condamnée* de Tennessee Williams. Quand j'étais môme, je jouais souvent des filles un peu folles [*rires*], un peu borderline. C'était très facile pour moi, les gens étaient émus. Et comme je ne montrais pas cette facette dans la vie, je surprenais toujours.

Je connais très peu d'acteurs ou d'actrices qui n'ont pas au fond d'eux une fêlure, une fracture même parfois. Il faut être un peu frappadingue pour monter sur un plateau et être persuadé·e que les gens vont venir te regarder. [*Rires.*] Donc, si tu décides de faire ce métier, c'est bien sûr que tu veux être regardé·e. Au fond, tout le monde a ce désir d'être aimé, mais choisir d'être acteur est un choix périlleux. Comme c'est un choix périlleux d'être avocat. Les avocats sont des acteurs quand ils plaident, la différence, c'est qu'ils ont des vies entre leurs mains. Moi pas. J'ai un peu de leur imagination, de leurs émotions entre les mains, c'est différent quand même. Mais c'est important, je peux les aider à fabriquer leurs rêves.

C'est exactement l'intention de ce livre, et de cette collection : aider les lecteurs à fabriquer leurs rêves...

Mais oui, il le faut ! C'est aussi cette fragilité, cette poudre de perlimpinpin, qui fait la beauté de ce métier. [*Silence.*]

Par contre, sincèrement aussi, je n'imaginais pas une seconde que je ferais cette carrière. D'abord, parce que c'était tellement dur quand j'ai commencé et ensuite, parce que je ne pensais pas faire de cinéma, je croyais que je me cantonnerais au théâtre : moi, c'était l'art déclamatoire ! Finalement, j'ai été connue grâce au cinéma, alors que le théâtre français, avec ses canons classiques bourgeois, ne m'a pas si bien reçue.

Le tandem Ascaride-Guédiguian

Au cinéma, votre tandem, avec Robert, a été une association miraculeuse !

Ce tandem avec Robert… quand j'y repense, c'est fou ! On s'est jetés dans l'aventure, à fond. On s'est arraché la peau, mais on était jeunes, c'était beau ! Quand je vois aujourd'hui que les jeunes réalisatrices ou réalisateurs doivent attendre d'avoir présenté deux ou trois courts-métrages pour accepter que, peut-être, elles ou ils aient le droit d'en réaliser un long… Nous, on a foncé comme des brutes. Et on est venus raconter une autre facette du monde. Robert dit toujours de Gérard Meylan et de moi qu'on est son « rouge » et son « bleu ». Il travaille comme un peintre : il brosse des tableaux du monde dans lequel il vit, avec ses couleurs à lui. Et c'est ce qu'on a fini par imposer. Mais attention, il ne faut pas s'arrêter parce que l'on dégringole : si l'on arrête le combat, on est foutu ! Le jour où on s'arrêtera, je ne suis pas sûre que beaucoup de gens du métier nous regretteront. Le public, lui, nous demande de continuer. Nous sommes très aimés du public. On a un capital sympathie phénoménal.

Quelle relation entretenez-vous avec les gens du métier ?

C'est plus compliqué. De jeunes réalisatrices ou réalisateurs nous aiment beaucoup, mais, avec nos grandes gueules, on dérange aussi. Robert surtout, et – c'est assez étonnant – pas celles et ceux que l'on croit. Par exemple, quelqu'un comme Daniel Toscan du Plantier, la représentation même de l'aristocratie française, nous adorait. J'ai toujours eu de super discussions avec lui, c'était formidable. Je crois qu'il aimait notre intégrité. Jérôme Seydoux* aime beaucoup Robert aussi.

* Jérôme Seydoux, homme d'affaires et milliardaire, est le propriétaire du groupe Pathé.

Alors qui dérangez-vous, par exemple ?

D'autres gens qui pensent que le cinéma français doit se faire d'une certaine manière. Pasolini disait : « Je n'aime que les très pauvres et les aristocrates. » Je crois que je suis – en toute humilité – comme lui. Parce qu'au fond j'aime les gens qui ont de la vraie culture. Moi, j'aime apprendre, et j'aimerais apprendre jusqu'à la fin de ma vie. Mais aujourd'hui, dans mon métier, je ne tombe plus si souvent sur des gens qui peuvent m'apprendre des choses.

Tu peux nous raconter comment est né le premier film avec Robert ?

Alors, le tout premier film était en fait une double réalisation avec Frank Le Wita. Le film se tournait dans le Sud, à Marseille. Robert et Frank n'avaient pas un sou, ils faisaient le tour des adjoints à la culture dans les mairies des villes alentour pour obtenir des subventions. En parallèle, ils avaient envoyé leur scénario pour obtenir l'avance sur recettes du CNC. Ils ont franchi la sélection des deux tours et ils ont obtenu l'avance. Le film a été entièrement réalisé grâce à cette subvention.

Maintenant, il y a tellement de gens qui font des films que le CNC a ajouté un oral à la fin de la sélection, pour que les membres de la commission puissent poser des questions et que les réalisateurs puissent défendre eux-mêmes leur projet. Personnellement, je trouve cette idée très mauvaise. Dans les métiers que nous faisons, nous ne devrions pas avoir à passer d'examen, encore moins un auteur ou un réalisateur. Le scénario existe, il est lu, discuté : on l'aime ou on ne l'aime pas, point. Si tu connais des membres de la commission, par exemple, les jugements sont faussés et déséquilibrés. Et puis, selon ta personnalité, tu es plus ou moins doué·e à l'oral – certain·es réalisatrices ou réalisateurs répètent même leur oral. C'est dingue ! On juge un texte, pas un show.

Vous en êtes à combien de films ensemble ?

Celui qu'on vient de tourner est son vingt-troisième. Il y en a deux dans lesquels je n'ai pas joué, ce qui fait vingt et un films en commun. Guédiguian ne peut pas travailler sans ses amis. Quand les enfants étaient petits et qu'on tournait pendant les vacances d'été pour qu'ils soient avec nous, Robert appelait ces rendez-vous nos « universités d'été ». Il travaille avec ses techniciens depuis quarante ans et avec son monteur depuis son deuxième film ! C'est quelqu'un qui ne fait rien seul, c'est assez étonnant, ça ne l'intéresse pas. Je pense qu'il a une immense solitude à l'intérieur de lui-même, mais il aime être avec ses amis ; pas seulement dans le travail, dès qu'il ne lit pas !

« Le cinéma est une industrie »

Que veut dire cette formule consacrée ?

C'est Roosevelt qui disait quelque chose comme : « Faites des films et exportez-les. Ainsi les Européens parleront, s'habilleront et mangeront comme nous, et nous pourrons exporter. » Il ne faut pas oublier que le cinéma est la deuxième industrie des États-Unis. Nous, les actrices et les acteurs, sommes des produits et nous subissons les modes de cette industrie. Il faut entendre les producteurs de cinéma parler de nous comme d'un matériau. Tu seras engagé·e ou non en fonction des entrées que tu fais. L'art cinématographique existe, mais la production, c'est la production.

Le théâtre, et le théâtre français notamment, a été plus longtemps épargné par cet aspect, mais il a quand même évolué sous la pression de ce système industriel. Par exemple, je viens d'aller voir un spectacle monté avec une actrice qui n'a aucune formation théâtrale, eh bien, je suis furieuse. Pas contre elle, la pauvre ; contre ce système économique qui fait jouer quelqu'un de mauvais. En même temps, pour qu'un acteur ou une actrice de cinéma décroche ses lettres de noblesse – pour être vraiment considéré·e comme tel·le –, il faut qu'elle ou il passe pas le théâtre, c'est comme ça. C'est le fonctionnement du théâtre privé : il faut deux noms connus à l'affiche. Donc on va chercher une jeune femme dont le niveau n'est pas digne d'un concours d'entrée au Conservatoire, qui essaie de faire de son mieux mais qui est morte de peur. Ce n'est pas la même chose de monter sur un plateau de théâtre et d'être sur un plateau de cinéma. Et pourtant, ça va marcher !

Sans parler de YouTube, où tu postes une vidéo et où tu récoltes je ne sais combien de *followers*. Du coup, des jeunes gens deviennent des stars en faisant une chanson ou une vidéo. Maintenant, il ne s'agit plus de participer à la bonne évolution de la société en tant qu'acteur mais de « devenir une star ». Je suis du siècle dernier, ça me dépasse ! En plus, dans les milieux défavorisés aujourd'hui, on ne renvoie que cet objectif. C'est très embêtant. On ne met plus assez d'argent dans l'éducation culturelle, dans des clubs de théâtre, il y a de moins en moins de classes théâtre, de sections pour passer le bac Théâtre. J'ai été prof, je faisais passer le baccalauréat Théâtre dans un lycée à Montgeron. Certain·es des gamines et des gamins qui sont arrivé·es ne connaissaient rien au théâtre. Je ne sais pas si parmi elles et eux certain·es sont devenu·es acteurs ou actrices, mais en tout cas certain·es sont devenu·es spectateurs et spectratrices. Et ça c'est bien.

Politique culturelle en France

Aujourd'hui, on manque de contre-culture. Plus personne ne tape sur la table pour dire : « La culture, c'est essentiel, c'est indispensable ! » Alors on se cantonne soit au domaine du divertissement, soit à celui du « coup » commercial ou culturel : un spectacle bien chic, bien propre, bien mode. Ou alors de jeunes compagnies se plient en quatre pour monter des spectacles que la DRAC* regardera de haut – ou pas du tout parce qu'elle a des milliers de dossiers à examiner. Finalement, sur l'avis d'une personne représentant la DRAC, on leur accordera ou non une subvention.

Les ministres passent, mais les techniciens des ministères restent. Ce sont ces technocrates qui font la culture française, selon leur bon plaisir, selon leur culture. Et quelle est la culture d'un technocrate du ministère ? Celle des étudiants de Sciences Po ou de l'ENS. A-t-il les qualifications pour apprécier un écrit ou une création théâtrale ? Le problème, c'est que le théâtre public aujourd'hui est devenu – je vais me faire taper dessus, mais tant pis – tellement élitiste ! Ce qui s'appelle finalement de l'« entre-soi ».

---

* Les Directions régionales des affaires culturelles pilotent et mettent en œuvre sur le territoire régional les politiques du ministère de la Culture.

C'est la même chose pour le cinéma. À une époque, je me suis retrouvée au CNC dans la commission qui attribue l'avance sur recettes pour les premiers films. Dès la sous-commission, les lecteurs étaient d'une prétention insensée. J'ai lu chacun des quatre-vingts scénarios qu'on m'avait envoyés. Bien sûr que certains étaient mauvais, c'était même parfois incroyable ! Mais de quel droit tu te permets de parler de quelqu'un qui a écrit un scénario – à qui ça a demandé du temps, de l'investissement – avec mépris ? Tu peux penser qu'ils ne méritent pas d'être soutenus, mais ça ne justifie jamais le mépris. Surtout de la part de gens qui, pour moi, n'étaient personne, simplement lecteurs, souvent dans des maisons d'édition, d'ailleurs. Cette suffisance m'a profondément choquée.

Et malheureusement, aujourd'hui, la culture est souvent confisquée par ces personnes formatées par les mêmes écoles et qui, finalement, ont une grille de lecture assez réduite. Résultat, il n'y a plus de place pour la différence, pour l'aspérité. Pour la création, tout simplement. Reconnaître la créativité a toujours été compliqué : les vrais artistes sont rarement reconnus de leur vivant.

Parce qu'ils sont souvent visionnaires et incompris par les citoyens dans le « cadre ».

Voilà. Nous, au Conservatoire, quand on était en colère, on était terribles, on était des révolutionnaires. On allait voir des spectacles, on les descendait en flammes, mais on n'était jamais méprisants. Aujourd'hui, la critique est cynique, méprisante, et depuis trop longtemps déjà. Je me rappelle une interview avec Jean-Luc Hees, en 1995, dans son émission *Synergie* sur France Inter, à propos de notre film avec Guédiguian, *À la vie, à la mort*. Personne ne savait qui j'étais. À entendre le discours de Jean-Luc Hees, on avait l'impression qu'il n'avait jamais croisé un pauvre de sa vie. Je lui étais un peu rentrée dedans en lui demandant si ça lui arrivait de sortir dans la rue, de marcher sur les trottoirs, et j'avais terminé en lui disant : « Vous êtes mort puisque vous êtes cynique. » Ça l'avait choqué sur le moment, mais après, il aimait bien parler avec moi. Il y a beaucoup de gens à des postes décisionnels de la culture – des « personnes grises », je les appelle – qui n'ont jamais vu de pauvres, ou qui les croisent dans la rue mais ne les voient pas. C'est terrible.

La reconnaissance

Justement, qu'a changé la reconnaissance dans ta vie ? Cela ne t'a pas fait perdre la tête ?

Financièrement, cela change complètement ta vie. Mais, nous, ça ne nous a pas fait perdre la tête parce qu'on est des cons de fils de pauvres ! [*Rires.*] C'est vrai, on n'est pas radins, vraiment pas, mais on n'a pas le désir du luxe. Enfin, c'est surtout que l'on ne connaît pas. Par contre, on a acheté des maisons, la nôtre, celle de Marseille, etc., parce que l'on veut les laisser à nos enfants et s'assurer qu'elles n'aient pas de soucis matériels quand on ne sera plus là (il y a un risque que leur retraite ne soit pas géniale…). On a investi dans la pierre : c'est un réflexe de pauvres devenus riches.

Pour le reste, m'habiller dans les boutiques de luxe, cela ne me passe même pas par la tête, je n'ai pas envie. Et aller acheter mes confitures au Bon Marché, je n'ai pas cette éducation. Je sais très bien que ma maison ressemble à une maison des années 60 – mes ami·e·s aiment y venir pour cela, d'ailleurs.

J'ai des fétiches à moi, les lithographies d'Ernest Pignon-Ernest, par exemple. Mais c'est parce que Ernest est un ami cher, la bonté même. Il est plasticien, il crée seul, avec l'ange Yvette, sa femme, toujours à ses côtés. Il faut savoir qu'Ernest n'est rien sans sa femme. (Nous, avec Robert, on fait les choses ensemble, c'est différent.) Ce sont des modèles pour moi, ils ont une manière de penser le monde qui me réconforte terriblement. On n'est pas intimes, mais c'est une immense rencontre dans ma vie. Un soir, on est allés dîner chez eux et il y avait Régis Debray et sa femme, Isabelle. J'avais l'impression de vivre une page de livre : « Et un soir Éluard, Aragon et Elsa Triolet ont mangé ensemble... » Je me sentais chanceuse et je savais que ce dîner resterait gravé à jamais en moi. J'aime beaucoup les livres de Régis Debray, je suis en accord total avec son petit essai sur le Festival d'Avignon*. Il revient à l'essentiel : l'importance du rapport créateur-spectateur.

Ernest est président des Amis de L'Huma et, avec Élias Sanbar, membre du conseil d'administration de l'Institut du monde arabe. Un jour, il m'a fait un autre très beau cadeau – il m'a demandé de les rejoindre. Tu n'as pas idée du bonheur que ça m'a procuré ! Ces hommes sont tellement intelligents, et drôles en plus ! Ils ont un charme fou. Dès qu'ils ouvrent la bouche tu te dis : « Mais pourquoi le monde entier n'est-il pas peuplé de ces êtres ? » Et aussi : « Quelle chance j'ai ! C'est moi qu'ils sont venus chercher. » Au début, j'ai pensé qu'ils venaient chercher Robert, mais pas du tout, c'était

* *Sur le pont d'Avignon*, Café Voltaire, 2005.

moi ! J'étais tellement fière. Cet épisode fait partie des immenses joies de ma vie, comme d'être au conseil d'administration de la Maison Aragon-Elsa Triolet. Je n'aurais jamais pu imaginer vivre des moments pareils.

L'art marche à pas lents

Aucun regret, donc !

Non, pas de regrets.

J'aimerais transmettre un mot d'encouragement aux jeunes artistes qui peuvent quelquefois traverser des moments de désespoir, d'épuisement, parce que l'art, la création, c'est épuisant. S'il vous arrive de vous demander certaines fois pourquoi personne ne veut entendre votre proposition artistique, accrochez-vous, buvez un coup, faites ce que vous voulez, mais dites-vous que vous êtes tout aussi indispensable que n'importe qui. Tout être humain est indispensable. Le monde n'est pas le même sans cette dame qui passe dans la rue, sans toi, sans moi, sans Élias Sanbar, sans Ernest Pignon-Ernest, ou sans… Frank Capra : c'est *La vie est belle** ! Et l'art n'est pas le même si tu lâches. Ou si tu lâches, c'est que tu n'es pas un

* *It's a Wonderful Life*, avec James Stewart et Donna Reed, 1947.

artiste. On vit dans des temps où tout s'emballe, mais l'art ne marche pas en s'emballant. L'art marche à pas lents.

Marseillaise pour toujours

Es-tu contente d'avoir choisi ton lieu de vie à Paris finalement ?

Je ne suis pas contente, j'y ai été obligée, le jour où j'ai voulu passer le concours du Conservatoire de Paris. Après, une fois que ta carrière est lancée, c'est tellement difficile… [*Silence.*] La question de retourner à Marseille se pose tous les jours depuis quarante ans. C'est compliqué – même si aujourd'hui ce pourrait être plus simple. Mais en ce moment, par exemple, je joue au théâtre tous les soirs. Je travaille aussi depuis six mois avec un dessinateur sur un film d'animation parce que deux producteurs ont décidé d'adapter mon spectacle *Paris retrouvée*. Nous faisons de longues séances de travail, il faut que je sois là. Et quand je tourne, c'est parce que au départ j'ai joué dans un spectacle à Paris. Maintenant, tout le monde pratique le télétravail, mais ça ne me convient pas. Par exemple, si on faisait cet entretien par Skype, ce ne serait pas pareil. Après, tu as la vie : tes enfants naissent à Paris, vont à l'école à Paris, tu construis, et puis après elles quittent le foyer et vivent à Paris, et comme tu aimes beaucoup tes enfants, tu n'as pas tellement envie de t'éloigner. D'autant plus que maintenant il y a un petit garçon qui est venu agrandir la famille. Je mesure vraiment aujourd'hui à quel point ça a dû être dur pour mes parents que je vienne vivre ici.

En même temps, Paris n'est pas ma ville. Je ne me suis jamais considérée comme une Parisienne ! Pourtant, j'ai vécu beaucoup plus longtemps ici qu'à Marseille – c'est même étrange. J'essaie d'y descendre le plus possible. J'ai des amis comédiens qui ont décidé de rester dans le Sud, j'admire leur choix, c'est très difficile. Et puis, quand tu es acteur en province, très vite tout le monde te connaît, et moi, il faut que je puisse m'échapper. Il faut que j'aie des endroits où je puisse être, j'allais dire « anonyme », mais ça commence à devenir un peu difficile… J'étais très heureuse pour cela quand je suis arrivée à Paris. Je marchais dans la rue et je ne connaissais personne ! Ça m'arrive encore quand je vais à l'étranger. Aujourd'hui, quand je sors dans la rue, c'est idiot, mais il faut que je pense à comment je vais m'habiller. D'ailleurs, c'est un grand sujet avec Robert parce que parfois je sors en pyjama pour aller chercher le courrier, ça le rend fou, il me dit : « Tu es folle de sortir en pyjama, si tu croises quelqu'un avec son portable. » Parce que en plus, maintenant, il y a ce nouveau problème, les gens prennent des photos et tu ne le sais pas.

Vie professionnelle et vie familiale

Comment as-tu fait pour concilier ta vie professionnelle et ta vie familiale ?

D'abord, je dois remercier Robert, parce qu'il y a eu entre nous un véritable partage des tâches, concernant les enfants particulièrement. Par exemple, un mois et demi après la naissance de ma fille aînée, je répétais un spectacle au Théâtre de la Commune. Robert, lui, écrivait un scénario, donc il était à la maison toute la journée. Quand je partais répéter, il gardait Valentine. Après, quand je jouais le soir, il se levait le matin pour que je puisse dormir, je prenais le relais la journée, et il gérait le soir quand je partais au théâtre. Pour Madeleine aussi, on a toujours fonctionné comme cela. Plus tard, lorsque Madeleine était ado, je suis partie pour une longue tournée. Sa sœur avait déjà quitté la maison, elle est restée avec son père qui s'est occupé d'elle tous les jours. D'ailleurs, ils ont un souvenir très fort de ce temps partagé. De ce point de vue, je n'ai rien à dire, Robert a toujours été génial. Je fais partie des filles de ma génération qui ont de la chance, chez mes copines, ça ne se passait pas comme ça.

Pendant les vacances, les filles descendaient chez les grands-parents, qui ont toujours été très présents. Ma mère venait parfois passer un mois dans l'année, les filles étaient contentes d'avoir leur grand-mère quand elles rentraient de l'école. Je pense qu'elles n'ont pas souffert de nos absences.

Tu étais donc sereine de ce point de vue.

Oui, plutôt. Et puis on ne s'est pas séparés, ce qui est beaucoup plus facile ! J'aurais même bien aimé avoir un troisième enfant, mais Robert ne s'en sentait pas capable. C'était très honnête. Il m'a dit : « Si on a un troisième enfant, là, je n'y arriverai pas. » Il avait monté la boîte de production, il travaillait comme un fou, alors on n'a pas eu de troisième enfant. Mais on était très organisés, sinon ça peut vite déraper. Et c'est vrai que j'ai choisi de ne pas aller voir certains spectacles, de ne pas aller à certaines soirées parce que je restais en famille, avec mes enfants, quand je ne jouais pas. J'ai aussi connu des périodes de chômage où j'étais complètement avec mes filles. Pour moi, le plus important au fond, ce sont elles. Je les considère comme la plus belle réussite de ma vie. C'est même un peu trop, on est très fusionnels tous les quatre (enfin, cinq maintenant, avec notre petit-fils). Mais chacun de ces quatre-là protégera toujours les trois autres, comme les Marvel ! [*Rires.*]

À quoi ressemble une période de chômage pour une comédienne ?

C'est d'abord une période où tu n'existes pas puisque tu n'es plus regardée. Et puis, nous, les gens du spectacle, avons depuis les années 60 ce régime spécifique de l'intermittence, qui te permet de continuer à toucher de l'argent quand tu n'as pas de projet. Mais pour en bénéficier, il faut cumuler un certain nombre de cachets ou d'heures de travail sur une certaine durée. Et c'est très difficile. Obtenir ses heures est donc un souci permanent dans la vie d'un acteur ou d'une actrice, et cette conversation sur les heures est récurrente entre gens du spectacle. Quand j'étais convoquée à l'Assedic (l'ancien nom de Pôle emploi), je n'en dormais pas la nuit. J'avais toujours peur de ne pas être reconduite dans le régime, qu'il me manque un papier ou autre chose… Après *Marius*, je me suis fait désinscrire, je considérais que je n'en avais plus besoin, mais avant, ce dispositif m'avait été plus qu'utile. Et pour « cachetonner », comme on dit (faire ses cachets), j'intervenais aussi dans un lycée en section Théâtre.

Es-tu sensible aux honneurs ?

Évidemment, celui qui prétend le contraire ment. Par exemple, je suis officière de la Légion d'honneur et commandeuse des Arts et des Lettres. Je signale d'ailleurs que c'est rare chez les femmes ! Les récompenses me touchent parce que [*silence*] je suis une fille de pauvres. Robert est officier de l'Ordre national du Mérite et chevalier de la Légion d'honneur, et je lui dis toujours : « Moi je suis officière, alors, s'il vous plaît, un peu de respect ! » [*Rires.*] La personne qui me remet la décoration compte aussi : quand j'ai été nommée chevalière de la Légion d'honneur, c'était Gilles Jacob, secrétaire général à Cannes à cette époque, et quand j'ai été promue officière, j'ai demandé à Julien Lauprêtre, le fondateur du Secours populaire.

L'engagement au Secours populaire

Le Secours populaire est ton engagement de plus longue date. Pourquoi ce choix ?

J'ai énormément de respect pour le Secours catholique aussi, mais ce qui me plaît au Secours populaire, c'est que ce sont des pauvres qui aident des pauvres. Enfin, des un peu moins pauvres qui par moments peuvent filer un coup de main à ceux qui sont vraiment dans le besoin. Il s'agit de solidarité, pas de charité. Vu d'où je viens, ce sont des valeurs simples qui comptent pour moi. En tant que marraine, j'ai fait (avec Robert) un don important à l'association il y a deux ans, qui a permis de régler les crédits et d'acheter les locaux du siège à Marseille. Je suis aussi au Secours populaire parce que j'étais amoureuse de son fondateur, Julien Lauprêtre ! [*Rires.*] Il a été un jeune militant, un jeune résistant, pour lequel j'ai une vraie tendresse. Je le connaissais depuis vingt ans*. Julien était drôle (il aimait les femmes aussi, honorablement !), et il n'a jamais perdu en lui le petit gamin qui a fait de la résistance. Les vrais résistants ont, me semble-t-il, cette espèce de ligne de conduite inébranlable. C'est beau. Julien avait créé, dans la tradition internationaliste des années 50, Copains du Monde, un programme pour que des enfants de différents pays se rencontrent : il organisait des échanges pendant les vacances, etc. Quand Julien parlait aux enfants, cela me bouleversait. Ils allaient tous vers lui, ils l'adoraient.

Une année, je l'ai accompagné à Amiens pour une opération auprès des enfants des écoles des cités, qui devaient récolter du matériel scolaire pour des enfants réfugiés dans la jungle de Calais. Dominique Dimey avait écrit la chanson éponyme du programme. Chaque classe l'avait apprise, c'était sublime. Quand tu vois cinq cents ou six cents enfants qui se mettent à chanter ensemble, tu te rends compte que certaines personnes sont des magiciens : ce n'est pas simple d'organiser cette grosse machine, de mobiliser les bénévoles, etc.

---

* Julien Lauprêtre est mort en 2019.

C'est comme l'opération montée pendant le Covid : nous, les bénévoles, avions la possibilité d'appeler des personnes qui se sentaient seules pour leur parler et créer du lien. Eh bien, c'étaient elles qui me remontaient le moral ! J'aime cette mentalité : savoir regarder l'autre avec respect et savoir nous reconnaître entre nous. Pas plus. Pareil à Noël : quand tu vois des cars de gamins qui viennent du Nord pour assister à un super spectacle sur la pelouse de Reuilly, tu sors de là, tu es regonflée pour deux mois. Ce que fait le Secours populaire est vraiment épatant. Donc, j'y suis et j'y resterai. Je peux dire que je suis fière d'être là.

Et, concernant l'écologie, tu avais signé l'« Appel de 200 personnalités pour sauver la planète* ».

Mon rapport à l'écologie est moins politique, il est presque affectif. Je suis une enfant des Trente Glorieuses et j'ai vécu la naissance de la surconsommation dans les années 80. C'est quand même une catastrophe… Je vais te donner un exemple : la première fois que je suis allée à New York, je suis tombée par terre en découvrant le nombre de

---

* L'« Appel de 200 personnalités pour sauver la planète », adressé aux décideurs politiques et lancé à l'initiative de l'astrophysicien Aurélien Barrau et de la comédienne Juliette Binoche, a été publié le 3 septembre 2018 dans *Le Monde*.

personnes obèses. Quand j'étais enfant, adolescente, jeune femme, l'obésité n'existait pas. L'industrialisation, avec son lot de produits transformés, l'a littéralement provoquée. Maintenant, je sais qu'il faut faire attention, manger bio, parce que les pesticides et toutes ces saloperies provoquent des cancers – les oncologues eux-mêmes recommandent de manger bio, et si on ne peut pas, de laver les légumes. Et puis, une fois que le libéralisme a produit l'obésité par la surconsommation, il l'a récupérée avec la pub pour en créer une mode. Et on continue de faire manger n'importe quoi aux pauvres ! Chez moi, il n'y avait ni sodas ni gâteaux, ce n'était pas interdit mais ce n'était pas dans les habitudes, c'est tout : on buvait de l'eau, on mangeait des tartines de pain et des légumes à tous les repas, et peu de viande. Cela me fait une peine immense de voir des enfants qui sont – comme on dit – en surcharge pondérale à cause d'une société qui va mal. C'est leur santé qui est en jeu.

Et puis j'ai une responsabilité par rapport à mon petit-fils. Quand Guédiguian rentre de tournage en Afrique et qu'il me raconte qu'il y a tellement de sacs plastique dans le paysage qu'ils ont été obligés de nettoyer pour pouvoir filmer, je trouve cela insensé. On prend l'Afrique pour une poubelle ! Et alors maintenant on veut nous faire passer aux sacs en papier, que l'on te fait payer au demeurant. Mais je n'ai jamais vu ma mère avec un sac plastique : elle allait faire les courses avec son panier. Pareil pour l'eau, j'ai des souvenirs de ma grand-mère qui, dès qu'il pleuvait, allait chercher les casseroles de la maison et récupérait l'eau de pluie. On s'est toujours fichu de moi parce que je n'ai jamais voulu de micro-ondes ; je n'ai jamais eu de Tupperware non plus. Certaines habitudes sont ancrées depuis mon enfance, je ne connais pas cette surconsommation-là.

Un autre truc me rend dingue : les posts de couchers de soleil ! Quand tu postes une photo de coucher de soleil, tu restes dans la représentation. Profite plutôt de ce coucher de soleil que tu es en train de regarder ! Et surtout fais en sorte que tes petits-enfants puissent encore les regarder, c'est ça l'important. Parce que même le soleil devient angoissant – et pourtant je suis une fille du Sud ! Cet été, je marchais dans la rue à Marseille, je lève la tête et le soleil nous écrasait, là, comme une espèce de projecteur, comme dans un film d'horreur, ou comme dans un film où quelqu'un marche désespérément dans le désert. Et je me suis dit : « Mais quelle horreur ! » Tu te rends compte ? Alors nom de nom, arrêtez de prendre des photos de coucher de soleil et préservez la planète sur laquelle vous êtes !

Une transmission directe : les filles

Qu'est-ce qui a été fondamental pour toi et Robert dans la transmission à vos filles ?

Le respect de l'autre. [*Silence.*] C'est essentiel. Toujours partir de ce principe ; après, si tu tombes sur un con ou une conne, là, tu peux l'envoyer balader ! Donc, tout simplement, savoir dire « bonjour, merci, s'il vous plaît, au revoir » à qui que ce soit, car c'est la reconnaissance de l'autre. J'étais obsessionnelle avec mes filles quand elles étaient petites. Et je me vois, je recommence avec mon petit-fils !

Je pense qu'on leur a aussi inculqué les valeurs dans lesquelles nous avions été élevés, des valeurs de résistance. Nous sommes des êtres résistants, moi-même je suis vraiment la fille de résistants, et la fatalité, cela n'existe pas. La fameuse phrase, « C'est comme ça », non, jamais, elle est proscrite dans la famille !

Je pense qu'on leur a transmis aussi l'humour et l'amour. [*Silence.*] Et l'exigence. Ce n'est pas évident pour elles, je pense, d'être les filles des deux énergumènes que nous sommes. Elles ont du respect et de l'admiration pour nous, et parfois elles peuvent se dire que c'est difficile de faire mieux. Elles peuvent même avoir tendance à se dire qu'elles font moins bien. C'est toujours compliqué d'être parents. [*Rires.*] Je me rappelle un épisode, que je regrette encore… Un soir, je lavais la vaisselle, les filles faisaient les zouaves – rien de bien grave en plus –, je me suis retournée et je leur ai dit : « Vous me décevez. Je n'aurais jamais cru être déçue par vous. » Il ne faut jamais dire à ses enfants qu'ils vous déçoivent. Les filles ont littéralement changé de tête. Je pense que cela a été une vraie douleur pour elles.

Tu as rétropédalé après ?

Sur le coup, elles m'avaient tellement énervée ! Après, oui, tu rétropédales… Je suis gentille comme ça, mais je sais que je peux aussi être cinglante, que je peux faire peur. D'un coup, mon regard change et peut devenir très dur, pas sympathique du tout. Avec mes enfants, je leur disais : « Faites gaffe, je suis une sorcière », et quand je faisais mon regard de sorcière elles avaient très peur. [*Rires.*]

Mais ce qu'il faut garder en tête, c'est que les enfants entendent tout, voient tout, et raisonnent. Et parfois leur raisonnement est beaucoup plus juste que celui des adultes. Quant à l'éducation, je pense comme Gisèle Halimi : si on n'a pas l'entregent ni l'argent, on peut apprendre. Ce trésor-là, l'apprentissage, est à la portée de tous. Après, tu as des conditions plus ou moins propices, bien sûr, pour le recevoir. Mais les enfants sont comme les spectateurs, il y en a toujours un dont les yeux s'allument à un moment. C'est le Japonais du cinquième rang. C'est important. Et puis, avec Internet, on peut aussi chercher beaucoup, découvrir. En tout cas, non, les dés ne sont pas jetés dès le départ, ce n'est pas vrai. On a des cartes plus ou moins faciles, et même parfois très difficiles, mais regarde : beaucoup d'enfants primo-arrivants sont des flèches à l'école. Parce qu'ils savent qu'ils n'ont que cela pour avancer.

Justement, que penses-tu du système pédagogique en France ?

Alors, je suis arriérée sur ce sujet ! Enfant, j'aimais l'école. [*Rires.*] Dans ma génération, on avait un respect total de l'instituteur. Mais j'avais des institutrices super formées, qui sortaient de ce que l'on appelait l'« école normale ». Quand mes filles sont allées à l'école à leur tour, elles ont eu la chance de tomber sur de vrais instits bien formé·es aussi. Donc, tu vas à l'école, tu respectes l'institutrice ou l'instituteur. Par contre, quand il est jobard (c'est déjà arrivé), là c'est différent. Dans ce cas, je prends rendez-vous et je suis claire : « Si vous continuez à stigmatiser ma fille, je mets le feu à l'école. » Comme tu peux le constater, je ne suis pas excessive.

Sinon, les enfants ont des droits, mais ils ont aussi des devoirs. Le devoir notamment d'être respectueux vis-à-vis des autres. Je pense que c'est important de leur donner des cadres, ne serait-ce que pour qu'ils puissent les transgresser. Mai 68 me semble une catastrophe de ce point de vue. Mais je ne demande pas non plus de revenir au XIXe siècle, avec les coups de règle sur les doigts et le bonnet d'âne, non !

Tu peux donner un cadre sans tomber dans l'autoritarisme.

Absolument. Après, quand un enfant ne connaît pas le respect en famille, évidemment, le pauvre, il ne peut pas l'acquérir seul. Donc l'Éducation nationale a un rôle à jouer, même si ce n'est pas son rôle principal. Un instituteur peut aider à « prendre un enfant par la main », comme disait Yves Duteil*, et lui expliquer l'intérêt de dire bonjour dans la relation à l'autre, etc. Nous, tous les lundis matin, on avait leçon de morale. La maîtresse écrivait une phrase de sa belle écriture au tableau, et puis on discutait. L'école, c'est l'école de la République. Quand tu franchis sa porte, on doit t'expliquer ce qu'est une république et ce que c'est que d'être citoyen ; c'est le lieu où tu dois apprendre ces règles.

* « Prendre un enfant par la main » est une chanson qui a été très populaire à sa sortie, en 1977.

Ah oui, un éveil à la citoyenneté, tu veux dire.

Oui. Nous, on appelait ça « morale », mais c'est la même chose. Qu'est-ce que c'est que de vivre en société, que d'avoir du respect pour l'autre. Ce n'est pas parce que tu es juif, arabe, protestant ou catholique que tu ne peux pas parler à l'autre. Au sein de l'école, tu es avant tout un citoyen. Mais pour se sentir tel, il faut être reconnu comme tel. C'est très important. Si tu n'es pas reconnu comme tel, tu vas te réfugier dans des communautés diverses et variées et tu vas tomber sur des charlatans qui te monteront la tête. Tu sais, pour moi, la religion c'est l'« opium du peuple », comme disait un certain Marx. J'adore cette idée de Dieu comme une très jolie fiction. Mais l'utilisation et la manipulation de la religion m'insupportent.

Que peut-on conseiller aux jeunes pour qu'ils acquièrent une connaissance du monde sans voyager ?

On va reprendre le bateau à voile ! [*Rires.*] Comme cela, les voyages seront plus longs. D'une certaine manière, l'avion transforme la réalité. Aller à Rio, c'est loin, ça prend du temps. Les jeunes vont prendre connaissance du monde par Internet d'abord. Et puis, ils marcheront, ils circuleront en train. Quand j'avais 20 ans, il y avait ces fameux trains Interrail avec lesquels tu pouvais faire le tour de l'Europe, c'était génial. Les gens se retrouvaient parfois dans des gares, ils allaient dans des auberges de jeunesse ensemble. C'est cela, le voyage : découvrir et créer du lien.

Pour finir ensemble

Qu'aurais-tu à dire à la jeune Ariane de 18 ans que tu as été ?

[*Silence.*] Cela va être dur, mais tu vas voir, on arrive à gérer cette solitude.

À l'inverse, qu'aurait à te dire cette jeune Ariane de 18 ans aujourd'hui ?

Tu t'es embourgeoisée. [*Rires.*]

Comment résumerais-tu ta vie en une devise ?

[*Silence.*] Va toujours de l'avant, mais n'oublie pas de te retourner de temps en temps.

Quelle qualité est-il préférable de développer selon toi pour devenir comédienne ?

C'est tellement différent selon les personnes… Mais je dirais la persévérance. Il faut entretenir sa forme physique aussi.

Y a-t-il un chemin idéal pour s'engager dans cette voie ?

J'aurais tendance à dire ce qui n'est absolument pas à la mode aujourd'hui ni valorisé, mais tant pis : « On apprend toujours de ses aînés. » Je pense qu'il faut fréquenter les écoles de théâtre ou, en tout cas, apprendre de maîtres ou de maîtresses. Dans cet art-là, il faut avoir l'humilité de se retrouver apprenti·e.

Tu conseilles de tenter les concours nationaux ?

Absolument. D'abord parce que si tu es reçu·e dans l'une de ces écoles (Conservatoire national supérieur d'art dramatique, Théâtre national de Strasbourg, ENSATT, etc. ; il y en a treize), tes études sont gratuites. Ensuite, cela t'offre un éventail de possibilités inouï : on t'enseigne la danse, le chant, l'escrime, l'équitation, tu as à ta disposition du matériel, de la vidéo, une bibliothèque, tu rencontres des metteurs en scène… Il n'y a que dans ces écoles qu'on t'offre de tels moyens. Elles te font gagner un temps fou. Et si malheureusement tu ne peux pas y entrer, je ne dis pas que tu n'y arriveras pas bien sûr, mais cela prendra plus de temps. Sans parler du réseau que tu te constitues à vie dans ces écoles, et sans non plus prendre en compte le fait que tu peux aller au théâtre tous les soirs gratuitement. J'ai enseigné au Conservatoire à une époque, si je pouvais donner un conseil aujourd'hui, ce serait : soyez curieux ! Il faut arrêter d'avoir pour seule ambition de devenir célèbre, ça coupe toute la notion de travail, de recherche. Soyez curieux !

Mais comment éveiller la curiosité qui sommeille en chacun d'eux, de nous ?

Mon père disait la phrase suivante, que j'ai complètement intégrée : « Vous êtes là, vous n'avez rien demandé. » Et c'est vrai que l'on n'a rien demandé ! Alors la moindre des choses est de rester attentifs aux jeunes. Bon, ça n'a pas vraiment été le cas de mon père, mais c'est une autre histoire. [*Rires.*]

Être très attentif et, surtout, les écouter. Ils ne parlent pas comme nous. Chaque époque a un langage différent, les jeunes se reconnaissent par leur langage, il faut les questionner pour les comprendre. Les filles avec qui je répète le spectacle sur Gisèle Halimi, par exemple, emploient des tas de mots que je ne comprends pas. Eh bien, je leur demande de traduire, c'est le seul moyen de garder le lien. L'autre jour, elles m'ont demandé de me raconter en quinze minutes… C'est horrible, on est obligé de survoler. Mais il faut répondre, échanger, raconter ce que l'on a vécu, raconter des histoires… c'est comme cela qu'on éveille la curiosité. C'est comme quand je suis au Conservatoire face aux élèves qui ne connaissent pas Claude Sautet : la semaine d'après, je reviens avec le DVD et j'explique, je raconte. En fait, il faut donner, c'est tout.

C'est beau ça, « il faut donner », tout simplement. Quelles questions se poser pour trouver du sens dans le choix de son métier ?

Holà ! Il faut d'abord donner envie de se poser des questions. Après, chacun trouve ses réponses. Ce n'est pas facile. Il faut donner envie de s'autoriser à se poser des questions.

Comment vois-tu l'avenir de ton petit-fils ?

Je le dis sincèrement, pour l'instant j'ai très peur. Même s'il fera certainement partie des privilégiés. Je suis tellement pessimiste que j'en deviens optimiste ! L'humanité est très étonnante, elle a des ressources. Je suis en respect total devant les jeunes gens qui font les manifs pour préserver le climat. Ils ont raison d'être violents et de nous dire : « Foutez-nous la paix, c'est de votre faute si le monde est dans cet état ! » Il faut les respecter, les écouter, apprendre d'eux et surtout les aider. Ce sont eux, les premiers concernés dans cette histoire. Peut-être que parfois ils partent dans tous les sens mais nous, les adultes, sommes là pour jouer les panneaux indicateurs, les aider à se diriger. Je ne dis pas que la route sera facile, mais je dis que l'homme est étonnant quand même. C'est *La Guerre des étoiles*, il y a une part obscure, et puis aussi une part très lumineuse. Le problème, c'est que l'on est aujourd'hui tellement englué dans la part obscure… Les médias ne cessent de valoriser cette part obscure, cela arrange tout le monde que l'on soit dans l'obscurité : c'est une manière de faire peur et de tétaniser les gens. Mais on va voir. Peut-être que c'est un héritage de mon père [*rires*], la résistance existe, à tous les niveaux. Et c'est elle qui gagne à la fin. Je défie quiconque d'aller dans la nature et de ne pas sentir que c'est magnifique. Le problème, c'est que beaucoup de citadins ne connaissent pas la nature, ils n'ont pas la possibilité d'aller vers elle. C'est pour cela qu'il faut faire revenir la nature vers eux, en lui accordant beaucoup plus de place en ville. J'en veux à mort aux architectes qui ont créé les cités, ces espèces de blocs où les enfants ne savent pas ce que c'est que la beauté. C'est d'un mépris inimaginable. On nous donne l'excuse des pieds-noirs qu'il fallait loger rapidement après la guerre d'Algérie, mais c'est avant tout du mépris et du profit. Dès les beaux jours, ici à Montreuil, le parc des Guilands est plein de mômes des cités et de parents qui viennent pique-niquer. Simplement parce qu'il y a de l'herbe, des arbres, que tu vois Paris de loin, et que c'est très beau. Les gens savent ce qui est beau, ils sont sensibles à la beauté.

Trois questions à méditer chemin faisant

Quels aspects de ta vie te font vraiment te sentir vivante ?

Mes enfants, mon petit-fils et… quand j'ai des chaussures neuves. [*Rires.*] Cela fait toujours tellement mal aux pieds, je te jure !

Hier soir, quand je suis allée au théâtre, j'ai pris le métro (c'était l'enfer parce que c'était la Nuit Blanche et qu'il y avait des gens partout), mais quand je suis sortie, il y avait un ciel avec des couleurs magnifiques : je me suis dit que j'avais de la chance de voir ce spectacle. Que, quand même, c'était beau. Je peux être contente avec très peu de choses.

Je me sens vivante aussi quand je regarde la mer. Quand je suis dans ma calanque, je peux rester des heures à la regarder, c'est très important pour moi.

Quel est ton talent ? Qu'est-ce que tu réussis naturellement sans grand effort ?

Comédienne [*Rires.*]

Quelle cause veux-tu défendre ?

L'humanité, tout simplement.

Table

De la même autrice

Bonjour Pa'
Lettres au fantôme de mon père
Seuil, 2021 ; Points, 2023

Une force et une consolation
avec Véronique Olmi
Éditions de l'Observatoire, 2018

RÉALISATION : NORD COMPO À VILLENEUVE-D'ASCQ
IMPRESSION : BLACK PRINT
DÉPÔT LÉGAL : MAI 2023. N° 152642
IMPRIMÉ À BARCELONE